KB268235

이케아 세대

그 들 의

역 습 이

시 작 됐 다

이케아 세대

그들의 역습이 시작됐다

전영수 지음

중앙books
JoongAng Ilbo

예식장에서

"신랑신부 가족과 친지분들 기념사진이 있겠습니다. 모두 앞으로 나와 주시기 바랍니다."

결혼식은 시끌벅적했다. 우는 젖먹이 아기와 뛰어다니는 아이들, 인사를 나누는 어른들이 한데 뒤섞여 경사스러운 축제를 함께 즐겼다. 진행이 원만할 리는 없었다. 워낙 사람이 많고 아이들은 뛰어다니니 시간을 맞추기란 여간 힘들지 않았다.

결혼식의 백미는 가족 단체사진 촬영이다. 코흘리개 아이부터 초등학생은 물론 교복을 입은 중고등학생까지 한두 줄로 나란히 서서 사진의 주인공이 됐다. 뒷줄에는 갓난아이를 안은 젊은 엄마도 아이와 함께 새초롬한 얼굴을 내민다. 이 가족사진은 부부가 훗날 그들의 성장스토리와 맞물린 옛 추억을 떠올리고 촌수를 헤아려보며 혈연의 안부를 궁금해하는 소중한 징표로 남는다.

이제 이런 풍경은 추억 속에 묻어둬야 한다. 언제부터인가 결혼식장은 사뭇 조용하고 차분한 분위기로 변했다. 막 어른이 되려는 한 쌍의 예비커플을 축하하는 어른들만의 잔치로 바뀌었기 때문이다. 사진 촬영만 해도 키를 맞춰 나란히 줄세우던 수많은 아이들이 카메라 앵글에서 사라지기 시작했다. 들러리 치레에 만족해야 할 몇몇의 아이가 고작이다. 카메라와 품 안의 갓난아기 얼굴을 번갈아보며 고군분투(?)하던 젊은 엄마아빠도 줄어들었다. 언제부터인가 가족 기념촬영의 맨 앞줄은 나이든 성인들이 차지하기 시작했다.

결혼식은 한국이 직면한 저출산·고령화를 제대로 보여주는 생생한 풍경 중 하나다. 일단 결혼식 자체가 눈에 띄게 줄어들었다. 30대 중반을 훌쩍 넘겨도 결혼하지 않은 싱글이 넘쳐난다. 만혼晩婚화다. 늦어지면 그나마 다행이다. 아예 짝 이루기를 포기하는 청년마저 적잖다. 비혼非婚화다. 결혼을 포기하는 원인은 연애전선에 이상이 생겼기 때문이다.

결혼 못한 2030세대의 절대 다수는 "그래도 결혼하고 싶다"는 게 솔직한 심정이다. 그럼에도 성혼비율이 낮아지는 건 연애와 결혼을 가로막는 엄청난 거대한 장벽 때문이다. 불황으로 요약되는 저성장의 한계다. 요컨대 '저성장 → 취업난 → 저임금'의 파고가 청년의 본능을 거세시켜버린 것이다. 돈이 없고 미래가 불안한 와중에 가족 구성의 대전제인 거주비와 양육비는 천정부지로 치솟으니 당연한 선택이다. 아예 포기하고 홀로 사는 게 낫다는 입장이다. 그러니 결혼은 안 하는 게 아니라 못 하는 이벤트가 됐다.

　이 책은 기성세대와 기득권 세력이 기획한 표준적인 라이프스타일을 포기하고 거부할 수밖에 없는 2030세대의 피폐한 현실과 고단한 미래에 포커스를 맞춰 출발한다. 고성장의 종언 시점과 맞물린 고령화라는 대형 악재까지 품에 안은 채 사회 데뷔에 나섰던, 애초부터 성장경험을 갖지 못한 불황세대에 주목했다. '88만원 세대'라는 별칭을 달고 힘겹게 20대를 보내는 청춘의 삶과 한국 사회의 허리여야 할 30대의 삶이 별로 나아지지 않고 있다는 위기감이 한몫했다. 고학력 · 저임금의 이들 ±35세를 그래서 필자는 '이케아 세대'로 명명했다. 스웨덴 가구 브랜드인 이케아의 특성과 한국사회의 ±35세의 현실 상황에 상당한 공통분모가 확인돼서다. 아쉽게도 상당수의 ±35세는 스스로 그들의 삶을 이케아 가구의 특성과 동일시하는데 익숙하다.

　결혼도 힘들고 아이 낳을 용기도 없다. 이케아 세대의 슬픔이 목에 찼다. 이젠 슬픔을 넘어 포기 단계다. 이들이 사회 데뷔에 나섰던 2000년대 초중반은 그래도 꺼져가던 희망과 기대를 애써 살려내려 아등바등하기도 했다. 그러나 계속되는 고용불안과 미래에 대한 절망은 한층 무겁게 이들의 삶을 억누른다.

　결혼과 출산, 양육이라는 가족 구성의 주체인 연령대이건만 아무리 둘러봐도 이 숙제를 풀 수 있는 방법이 없다. 가까스로 결혼했어도 아이를 낳을 용기는 없다. 출산 선택이 빈곤의 출발점이 될까 염려스럽다. 그러니 속편하게 나를 위해 지금을 즐기는 게 유일한 낙이다. 혼자서 겨우 살 정도의 저임금이니 당연지사다. 고학력인데도 값싸고 언제 잘릴지 모르는 이케아 세대가 선택할 수밖에 없는 유일한 카드가 돼버렸다.

개인의 합리적인 선택이 사회 전체의 비합리성으로 연결되는 경우가 적지 않다. 고학력·저임금으로 규정되는 이케아 세대의 선택도 마찬가지다. 저성장·고령화의 시대의 난제를 극복하려는 이들의 불가피한 생존전략은 한국사회의 지속 가능성을 심각하게 훼손한다. 출산 포기가 대표적이다. 미래를 짊어질 젊은이가 증발하는 것이다. 때문에 이는 의도했건 안 했건 기성세대와 기존제도를 향한 복수에 가깝다. 무능·소극·유약이란 수식어로 이케아 세대를 공격한 이들에게 소리 없지만 고강도의 집단·무한·충격적인 반격과 다름없다.

이미 저항은 시작됐다. 사회, 정치, 경제적인 세대갈등과 반발은 심각한 수준에 달했다. 애써 무시하거나 소홀히 여기니 일부 청년에게 한정된 문제로 보일 수도 있겠지만 실상은 결코 만만찮다.

더 이상 방치하면 곤란하다. 어느 나라든 지속 가능성을 확보하는 인구정책은 노력 대비 성공 확률이 낮다는 게 공통점이다. 가뜩이나 힘든 저성장·고령화와 맞물린 새로운 차원의 자원 배분이 전제가 되기 때문이다. 인식 전환만 해도 넘기 힘든 장벽이다. 그럼에도 일찍 시작해 장기간 지속하지 않으면 인구정책의 성과는 기대할 수 없다. 숱한 역사적 사례에서처럼 공멸만이 남을 뿐이다. 눈앞의 인기에 휘둘리는 정책이 염려스러운 이유다.

다만 늦었다고 느낄 때가 실은 빠른 법이다. 다행스럽게도 방법이 없지는 않다. 청년이 웃고 희망을 얘기할 수 있는 환경 조성에 나설 때다. '고도성장 → 감축성장' 혹은 '인구 증가 → 인구 감소'의 시대 변화를 대비한 공존전략을 마련하는 것이 중요하다. 일자리의 직접 당사자인 기업과 함께 중재자·심판관으로서 정부가 힘을 합치면 얼마든지 가능하다. 우리에겐 몇 장의 카드가 남았다. 지금이야말로 그 카드를 꺼내들어야 할 타이밍이다.

책은 크게 3부로 구성된다. 1부는 결혼하지 않는 청년세대의 미시적인 삶을 그렸다. 취업전선에 가까스로 통과해 30대가 됐지만 전혀 나아지지 않는 현실 압박의 애틋한 멍에는 그들의 목줄을 옥죄기에 충분하다. '졸업 → 취업 → 연애 → 결혼 → 출산'의 30대라면 누구나 거치게 되는 표준궤도에서 이탈한 건 이런 이유에서다. 문제 제기다. 2부는 증발이 시작된 청년세대의 고민을 사회와 정치, 경제부문에 맞춰 풀어냈다. 인구 변화와 맞물린 경제구조 등 거시적인 상황을 통해 이케아 세대의 삶이 왜 처음부터 꼬였고 지금은 어떤 상황인지 접근했다. 장수대국 일본의 사례도 곁들였다. 3부는 결론이다. 이케아 세대의 고민을 풀고 지속 가능한 사회구조를 만들 수 있는 8가지 솔루션을 제안했다. 기업과 정부, 그리고 기성세대를 포함한 사회 전체가 어떻게 청년의 울분을 해소하고 출구를 제안해야 할지를 고민해봤다.

책 전체를 관통하는 의도는 희망의 메시지다. "갓난아기 손을 잡아본 지 언제인지" 가물가물한 기억을 다시금 현실로 되돌리고 싶은 간절한 마음을 행간에 실었다. 불행을 통해 희망을 엮어내는 지점으로 치열한 갈등 양상을 설명했지만 이는 순전히 그 희망메시지의 불가피성을 강조하기 위한 조치일 뿐이다. 동시에 대결구도로 기성세대와 청년세대를 양분했지만, 그렇다고 세대갈등을 조장할 생각은 추호도 없음을 다시 한 번 밝힌다.

책의 논리와 흐름에 방해가 되는 부분이 있다면 전적으로 필자의 잘못이다. 상황 묘사가 다소 과장되고 격하게 받아들여질 수 있는 점 역시 필자의 개인 견해임을 밝힌다. 책의 기획과 편집과정에서 많은 공을 들여 완성도를 빛내준 이한나 에디터와 출판사에 감사의 말씀을 전한다. 무엇보다 사랑하는 가족에게 마음 깊이 무한한 애정을 보낸다.

전영수

**1장
결 혼 하 지
않 아 도
괜찮을까?**

이케아 세대의 탄생

다음 30대의 삶에 어떤 문제가 있는지 찾아보시오 : 여기, 그 혹독한 30대의 생존카드 : 세계를 품으며 커왔지만 현실에 무릎꿇다 : 고단한 1인분 인생, 이케아 세대의 탄생 : 머리로는 샤넬을, 현실은 다이소를 소비하는 삶 : 임대차보호법에 삶을 맡기고 : 이들의 숨죽인 변화가 한국 경제를 뒤바꾼다

행복 컨베이어벨트에 올라타기의 불가능성

기성세대의 채근이 철없다 : 평생직장이 사라진 후 각자 찾은 소소하고 위태로운 생존 기술

3장　소멸할 것인가 도약할 것인가

1장

결혼하지 않아도 괜찮을까?

● 일본에서 30만 부가 넘게 판매된 일러스트 작가 마쓰다 미리의 책 제목《결혼하지 않아도 괜찮을까?》를 차용했다.

이케아 세대는 선배 세대가 자연스레 올라탔던 '졸업 → 취업 → 연애 → 결혼 → 출산'의 행복 컨베이어벨트 시스템에서 하나 둘씩 이탈한다. 이들은 결혼도 하지 않고 아이도 낳지 않는다. 이들이 선택한 라이프스타일은 반발도 저항도 아닌 복수에 가깝다. 기성세대가 만들어놓은 피해와 박탈, 양보를 강요당하는 시스템에 맞선 집단적인 청년 역습이다. 청년 복수가 매섭고 놀라운 것은 그것이 선전포고 없이 진행된다는 점이다. 발악이라도 하면 좋으련만 이들은 입조차 닫아버렸다.

이케아 세대의
탄생

Q: 다음 30대의 삶에 어떤 문제가 있는지
찾아보시오

1980년생이자 올해로 서른네 살인 나는 대학 졸업 후 두 회사를 거쳐 지금은 대기업의 한 계열사 디자인팀 대리로 일한다. 작은 홍보 회사에서 근무하다 대기업 계열사로 이직한 지 이제 3년째. 대기업 계열사라고 하지만 이전 회사 연봉보다 조금 올랐을 뿐이다. 이력서 희망 연봉란에 전 직장에서 받은 연봉에 조금 더 높여 적은 연봉을 받고 있기 때문이다. 그래도 정규직에, 회사에 사람도 많고 점심도 제공해 직원 복지가 전혀 없던 전 직장에 비해 낫다고 생각한다. 등록금이 비싼 사립 미대를 다니던 학부 시절, 마지막 부모님 등골 찬스로 미국 주립대학교에서 어학연수도 마쳤다. 뉴욕에서 잠시 체류하며 '나도 이런 디자이너가 되어야지' 하고 미국 취업도 생각했지만 지금은 아름다운 iMac으로 아저씨들이 고쳐온 레이아웃을 군말 없이 수정하는 걸 제일 잘한다. 3년 동안 영어를 단 한 문장도 구사한 적이 없다.

학부 때부터 6년 사귄 남자친구와 헤어지고 지금은 싱글이다. 대학원을 졸업한 그는 말하면 누구나 아는 회사의 정규직 직장인이 되고 싶었지만 그러지 못했고, 함께 미래를 생각하면 답이 나오지 않았다. 미래를 얘기하는 것조차 남자친구에게 부담이 되었고 취직 준비기간이 길어질수록 이해하지 못할 싸움이 잦아졌다. 아이를, 집을, 자동차를, 내년을 이야기하면 예민해졌다. 그렇게 자연스럽게 이별했다. 그러고 나니 주위에 다시 사랑에 빠질 남자가 없다. 이렇게 나는 여자사람*이 되는 걸까? 스코티시폴드 고양이를 기르고 싶다.

나의 작은 달팽이집은 망원동에 있다. 빌라 4층에 투룸 월세로 살고 있는데 내년 계약이 끝나면 주인집이 월세를 올릴 것 같다. 망

● 성별만 구별하는 무성의 개념으로 쓰이는 은어. "우리 회사에 남자사람은 많아. 남자가 없어서 그렇지."

원동 집값이 너무 올랐다. 인터넷에서 본 스웨덴 인테리어 사진을 참고해 집을 북유럽 스타일로 인테리어하는 게 취미다. 서랍, 침대, 옷장, 샤워커튼, 침대, 컵 등 이케아 가구와 잡화를 주문해 집을 꾸민다. 내구성은 다소 떨어지지만 세련되고 감각적이라 스타일링하는 데 경제적이다. 2년마다 이사할 때 가져가도 그만, 버려도 그만이다.

결혼한 언니도 이케아로 혼수를 마련했다. 아이가 생기면 가구가 망가지고, 언니네도 2년마다 이사해야 해서 내집을 마련하기 전까지 좋은 가구를 들여놓기 어렵다고 한다. 세련되면서도 저렴해 친구들도 이케아 가구로 혼수를 준비한다는 얘기다. 언니네 회사는 곧 구조조정에 들어간다고 한다. 언니와 형부는 아이를 갖고 싶어 하지만 당분간 회사가 안정될 때까지 다니며 돈을 모아야 한다고 한다.

주말에는 에코백을 메고 합정동이나 명동에서 친구를 만난다. 쇼핑은 명동에 있는 저가 SPA브랜드를 찾거나 신촌 현대백화점 할인 상품을 구입한다. 마트에 들러 해외 맥주와 안주를 구입하고, 다이소에 들러 2,000원짜리 보풀제거기와 바구니를 구입한다. 집에 돌아와 맥주를 뜯어 리얼리티 예능을 보며 하루를 정리한다. 인터넷 포털사이트에는 결혼정보업체에서 작성했다는 신랑신부 등급표가 떴다. 부모님이 고위 공무원에 재산 500억 이상, 부모 자녀 명문대 졸업, 미스코리아 입상자……. 난 몇 등급이지? 14등급? 아이쿠. 결혼 못하겠네.

여기, 그 혹독한 30대의 생존 카드

앞의 이야기는 너무도 일상적인 30대의 삶이다. 다들 비슷비슷하게 살고 있기에 '결혼이 좀 늦는군' 하는 정도 말고는 큰 문제가 없어 보인다. 직장도 있고, 거처하는 곳도 있고, 자기 삶을 영위하며 사는 젊은이처럼 보인다. 대학에서 학생들을 가르치는 나는 동년배 친구들보다는 많은 젊은 친구들을 만났고 졸업 이후의 삶을 지켜보았다.

위 이야기는 사회에 데뷔하면서 아등바등 삶의 다음 단계를 건너온, 그래도 영광스러운 대한민국 30대의 삶이 투영된 표본적인 프리즘이다. 시대를 잘못 골라(?) 태어난 죄 치고는 혹독하게 일찍부터 한숨과 좌절, 절망을 배워왔다는 점에서 그나마 이 정도 삶은 충분히 양호하고 고무적인 성과에 가까울 터다. 이도저도 아닌 탈락한 하류집단이 수두룩해서다. 윗세대들은 "전쟁도 겪고 굶어봤어야지" 하며 이들의 고통을 '나약해빠진 것'으로 평가 절하하는 경우도 많다. 그러나 자기 세대만의 안경을 쓰고 이들의 속사정을 외면한다면 갈등의 골만 더 깊어질 뿐이다.

한국사회의 허리이자 대들보여야 할 30대는 선배 세대의 인생 경로와 달리 숱한 가시밭길을 헤치며 이제 겨우 한숨 돌릴 찰나에 섰다. 출산과 양육 같은 압박 과제가 현재진행형이지만 적어도 먹고사는 문제는 일정 부분 해결됐다. 살아갈 앞날과 이를 방해할 저성장 · 고령화의 동시다발적인 거대 장벽을 떠올리면 갑갑한 건 매한가지이되, 그렇다고 살아낼 방법과 전략이 없는 건 아니란 걸 학습효과와 경로 탐색에서 깨달았기 때문이다.

단군 이래 최고의 스펙이란 말처럼 한국의 ±35세는 그 어떤 세대보다 영리하고 똑똑하다. 학력 인플레이션이라는 흥(?)을 독자 생존의 힘으로 승화시킬 자질과 여력을 두루 갖췄다. 시대를 잘못 만나 불운을 타고났지만 기득권 세력이 기획해놓은 무대에 준비 없이 설 철부지는 아니다.

1978년 출생 전후의 30대 중반은 새로운 라이프 모델을 고민 끝에 찾아냈다. 느려진 성장과 인구 변화의 장기 악재라는 물리적 한계를 시대 변화에 맞춰 수용하고 진화시킴으로써 그들 나름의 화학적 생존모델을 구축해냈다. 여기엔 지금까지의 인생 경험과 현재 상황이 절묘하게 결합됐다. 따라서 기성세대로선 이해하기 힘든 차별적인 성격을 갖는다.

이들이 선택한 인생모델은 선배 세대의 전통적인 인생 흐름을 거부한다. 나이가 찼으나 결혼하지도 출산하지도 않는다. 가족을 꾸렸으나 집을 사고 늘려가는 행위도 먹혀들지 않는다. 회사에 충성하며 필요 이상 희생당하는 관행에도 맞선다. 여성 · 남성의 본능적인 성징조차 포기한다. 사회의 시선에는 꽤 무던하다. 한국 서점에는 '타인의 시선에 상관없이 행복하기' '혼자 사는 즐거움' '상처 받지 않는 관계의 심리학' 같은 주제의 책이 가득하다. 남보다는 내가 먼저다. 남을 챙겨줄 여력이 없기 때문이다. 스스로 만족할 수 있다면 기성세대가 쪼아도 견딜 수 있다. 또 획일성보다 독창성을 선호한다. 집단에 있기보다 개인적인 행보에 많은 가치를 부여한다.

세계를 품으며 커왔지만 현실에 무릎 꿇다

노마드Nomad 인생이다. 집도 직장도 유목민처럼 떠돌아다닐 심산이다. 어차피 평생직장이 사라진 판에 선배 세대처럼 회사인간으로 살고 싶진 않다. 가뜩이나 저렴하게 일하는데 소용조차 떨어지면 언제든 버려질 '월급쟁이는 곧 소모품' 신세라 후회하진 않는다. 조건만 좋으면 언제든 훌훌 털고 떠나려는 세대다. 다행이라면 학력 수준이 높다보니 정보 수집과 판단 능력이 좋아 끊임없는 상승 지향적인 직업 모색에 우호적이다. 해외여행이나 유학, 어학연수도 경험해 해외무대도 익숙하다.

　소비시장에서 특징을 찾는다면 실용성 강화로 요약된다. 요컨대 합리성이다. 이들은 사치를 잘 모른다. 부자 부모를 만나지 않은 이상 절약이 미덕이라는 삶을 먼저 배웠다. 명품족이라는 단어는 일부의 이야기일 뿐, 남들에게 보이기 위한 소유 욕망인 베블런Veblen 효과는 낯설다. 생활 수준에 맞는 적절한 경제관념을 키워왔기 때문이다. 그럼에도 불구하고 해외여행과 사회 발전 덕에 문화적 안목과 취향은 비교적 높다.

그 결과가 눈높이에 맞춘 합리적 소비다. 정확하게는 합리적(?)일 수밖에 없는 지갑 사정이 주효했다고 여겨진다. 그들 나름의 합리성이다. 부동산만 해도 소유 기대보다 사용 가치를 중시한다. 돈이 없기도 하지만 빌려서라도 사려는 심리는 사라졌다. 또 집보다는 자가용을 선호한다. 못 가질 집에 아등바등하며 스트레스 받기보다 자동차를 통해 대리만족감을 높이려는 심리가 높다. 특히 본인을 위한 소비가 먼저인 것도 특징이다.

비싼 것을 사서 오래 쓰기보단 저렴하되 맘에 드는 물건을 사서 적당히 쓴 후에 교체하려는 소비 욕구의 발현이 그 예다. 최근 중저가 의류 브랜드의 통칭인 스파SPA, Speciality retailer of Private label Apparel•가 인기 품목으로 떠오른 배경이다. 저가 브랜드이지만 디자인이 훌륭하고 실용성까지 갖춰 사업 성공을 거두고 있다.

● 의류 기획 · 디자인, 생산 · 제조, 유통 · 판매까지 전 과정을 제조회사가 맡는 의류 전문점을 말한다. 백화점 등의 고비용 유통을 피해 대형 직영매장을 운영해 비용을 절감시킴으로써 저가에 제품을 공급하고 동시에 소비 욕구를 정확하고 빠르게 캐치해 상품에 반영시키는 새로운 유통업체다. 1~2주 만에 '다품종 대량공급'도 가능하기에 SPA를 '패스트패션'이라고도 부른다. | 출처: 매일경제 사전(검색일: 2013.10.11)

고단한 1인분 인생*, 이케아 세대의 탄생

과연 이들이 추구하는 가치 지향이 반영된 인생모델은 무엇일까. 단어 하나로 요약하기엔 분명 힘든 과제다. 다만 느낌과 분위기는 일정 부분 수렴된다.

이들은 보란 듯 길러졌지만 현실은 힘든, 갖고 싶지만 가질 수 없는, 오르고 싶지만 오르기 힘든, 눈은 있지만 때론 감아야 하는 등 불안한 현실 상황의 고민과 아픔을 공유한다. 그렇다고 좌절에 굴복한 순종적인 삶은 거부한다. 가능한 것엔 고집스레 매달리며 시대의 요구에 맞선다. 결국 내적 갈등과 외적 압박 사이에서 적당히 반발하고 타협하며 오늘의 ±35세가 됐다.

빙빙 돌아왔다. 필자는 이들의 삶과 영향력을 '이케아IKEA 세대'로 명명해 이 책에서 얘기하고자 한다. 이들의 삶이 스웨덴 가구 브랜드인 이케아의 특징과 상당 부분 일치하기 때문이다. 이케아가 동종 업계에서 차지한 위치와 현 ±35세가 기타 세대와 구분되는 영역이 오버랩될 뿐 아니라 이케아 브랜드가 지닌 특징 또한 ±35세의 인생과 아주 흡사하다고 판단돼서다. 이케아란 말을 들었을

● 경제학자 우석훈은 저서 《1인분 인생》(상상너머, 2012)에서 누구나 1인분의 주체로 거듭나야 한다고 주장한다. 과거 남성 한 명이 4인분 이상의 인생을 지탱한 것과 비교하면 큰 변화다.

때 떠올리는 이미지가 곧 ±35세의 모습과 유사하다는 얘기다. 게다가 이케아의 지향점은 ±35세가 향후 걷고자 하는 유력한 생존 모델의 방향성과 적잖이 중복된다. 이제 망원경과 현미경을 가지고 가구 이케아의 특징을 통해 ±35세의 삶을 찬찬히 들여다보자.

첫째, 값이 싸다. 이케아의 가장 큰 강점은 저렴한 가격이다. 최근 스칸디나비아 반도를 중심으로 한 스웨덴, 덴마크, 핀란드의 라이프스타일이 세계의 핫 트렌드로 부상했다. 미니멀하면서 견고하고 안락함과 실용성을 중시하는 이 트렌드는 사실 소박해보이지만 고가의 취미생활이다. 미니멀리즘과 견고함이라는 가치는 고급 소재와 상위 디자인을 담보해야 나오는 아름다움이기 때문이다.

그러나 이케아 가구는 일반 북유럽 제품과는 비교가 안 되는 저렴한 가격이 강점이다. 전통적인 수작업과 현대기술의 조화로 명성이 높은 북유럽 고가 제품과의 가장 큰 차이다. 대량생산 조립가구라 저가 공급이 가능하다. 일례로 장롱만 해도 보통 북유럽산이라면 '부르는 게 값'인 반면 이케아는 10만 원 전후의 가격으로 조립 제품을 살 수 있다.

우리의 관심사인 ±35세 대다수도 돈과 인연이 없다. 슬프게도 몸값이 저렴하다. 더딘 성장 탓에 일자리가 줄어들어 청년 구직자는 과잉 공급 상태다. 구직자는 많은데 뽑는 곳이 적으니 값싸게라도 내다팔 수밖에 없다. 그나마 팔리면 다행이다. 팔려도 문제는 남는다. 워낙 저임금인 까닭에 한 몸 건사하기 힘들다. 독거생활에 '딱'이거나 모자라는 게 태반이다. 부자 부모를 두지 않는 한 인생 1인분의 삶은 적잖이 고단해졌다.

머리로는 샤넬을, 현실은 다이소를 소비하는 삶

두 번째 이케아의 특징은 매력적인 디자인이다. 값은 저렴해도 고급문화로 인식되는 북유럽 디자인을 그대로 표방한다. 디자인 명성이 높은 이유다. 화려함 대신 심플함으로, 가격 대비 세련됨을 뽐내는 대표 가구다. 금방 식상해지는 화려한 이미지보다 단순하고 조화로운 디자인에 집중했기 때문이다.

이케아 가구의 장점을 묻는 내게 한 젊은 친구는 같은 빨강이라도 색감이 확실히 다르다고 말한다. 디자인과 파격적인 색감으로 집안 분위기가 확연히 달라진다는 것이다. 디자인의 힘이다. 게다가 소비 욕구에 발맞추며 트렌드를 주도한다. 이케아만으로 한국의 낡은 전세집을 서양 어딘가의 빈티지한 아파트처럼 꾸밀 수 있다.

1978년 전후 출생의 ±35세의 속사정은 이케아와 놀랍도록 닮았다. 돈이 없어 속상할지언정 추구하는 문화 수준과 눈높이는 상당히 고급이다. 안목은 코스모폴리탄이다. 돈 때문에 멋을 포기할 수 없는, 어쩌면 한국 최초의 세대에 가깝다. 돈을 위해 멋을 버린 선배 세대와도 구분된다.

이들은 취업 난관을 뚫고자 일찍부터 다양한 스펙을 완비했다. 이 과정에서 자연스레 해외 체재 경험을 쌓거나 양질의 문화생활을 직간접적으로 누릴 수 있었다. 퇴근하며 천 원짜리 다이소 중국산 제품을 구입하면서도 샤넬의 디자이너 칼 라거펠드나 전 루이뷔통의 디자이너 마크 제이컵스 같은 인사들의 삶도 교양으로 받아들인다. 요컨대 최상위의 멋을 알고 즐기게 됐다.

셋째, 그럼에도 이케아와 ±35세는 '가격(몸값) 대비' 품질이 좋다. 이케아는 싸다고 외면할 정도의 저가 경쟁력만 내세우지는 않는다. 싸니까 내구성이 떨어질 것이란 우려가 있지만 가격 대비 품질은 꽤 좋다. 싸지만 '튼튼한'이란 수식어를 완성하기 위한 노력 덕분이다. 품질과 디자인을 모두 욕심내자면 가격 메리트를 버려야 하니, 이때 선택한 게 품질에 직결되는 내구성을 어느 정도 양보했다. 품질을 내세워 일생에 한 번 사는 고가 이미지를 포기한 대신 싸고 가벼우며 버리기 쉽게 만듦으로써 반복 구매의 여지를 넓혔다. 물론 10년 이상의 내구성을 기대하는 건 욕심이다.

우리의 젊은 세대도 비슷하다. 이들은 대부분 고스펙·고학력으로 두루 무장한 최초의 세대다. 좀 과장하면 못하는 게 없다. 대학 졸업은 기본에 영어를 비롯한 외국어는 상식(적어도 표면적으로는)에 가깝다. 인턴 경험이 중시되면서 설익었지만 회삿밥도 먹어 봤다. 기업이 바로 써먹을 수 있는 인재를 중시한 결과다. 신입사원 서류를 보고 한 임원이 말한 "우리라면 절대 오르지 못할 스펙을 갖췄다"는 품평은 빈말이 아니다. 그럼에도 이들 대부분은 서류심사에서 탈락한다. 게다가 능력 대비 인건비는 아주 싸다. 부려먹다 여차하면 버려도 된다. 인턴과 수습, 계약직이란 장치 탓이다. 즉 단기 고용이다. 물론 스스로 직장생활을 못 버티는 짧은 내구성을 갖춘 2030세대도 있지만, 적어도 평균적으로는 능력·몸값보다 뛰어난 것을 부인하기 어렵다.

넷째, 이케아는 불안정·미완성 제품을 추구한다. 즉 'DIY_Do It Yourself'를 지향한다. 반제품을 소비자가 직접 구입·조립해 설치하는 게 특징이다. 가구 하면 완제품을 떠올리는 기존관념을 파괴하는 컨셉이다. 수고가 필수란 점에서 젊은 세대와 맥이 닿는다. 직접 짜 맞춰야 하는 까닭에 내구성이 취약하다는 평도 있다. 그러나 조립과정에서 성취감을 맛보는 독특한 경험을 안겨준다. 또 하나를 조립한 후 이와 어울리는 다른 제품을 구매함으로써 인테리어를 직접 경험하는 과정을 맛볼 수 있다.

젊음도 미완성이다. 사회 데뷔를 했다지만 아직은 갈 길이 먼 30대 중반의 삶은 여기저기 메워야 할 빈틈이 많다. 즉 삶의 완성을 위한 중간 단계로 이리저리 많은 시도가 불가피한 연령대다. 수많은 도전과 시련의 반복이 기본이다. 비록 기성세대가 설계하고 구축한 사회제도에 편입돼 그 길을 걸어갈 수밖에 없지만 적어도 그들의 미래는 'DIY'에 따라 결정될 수밖에 없다. 퍼즐 조각 맞추듯 인생 파편을 모아 스스로의 삶을 완성하기 위한 시간이다.

임대차보호법에 삶을 맡기고

다섯째, 이케아는 먼 미래를 내다보고 구입하는 가구가 아니다. 일정한 곳에 자리를 잡고 사는 정주定住의 개념으로 장기 계획을 세우고 가족계획도 생각하는 사람이라면 한샘이나 리바트 같은 국내 브랜드 가구부터 비싸게는 수입 가구로 인테리어를 생각한다. 이 말은 즉 내 집을 마련한 사람이 이케아 가구로 집을 꾸미지 않는다는 말이다.

이케아는 해외에서 체류하며 아파트를 렌탈해 단기간 살아본 유학생들에 의해 한국에 알려진 가구 브랜드이기도 하다. 한국의 경우 대부분 임대차보호법에 따라 2년마다 전세와 월세를 갈아타며 이사를 가야 하는 집 없는 젊은이들이 선호하는 가구다. 미래를 대비하기보다 당장 2년 동안 만족하며 쓸 수 있는 가격 대비 최적의 상품이다. 2년 후 이사갈 때 가져가도 그만, 버려도 그만이다. 비싸지 않기에 부담이 없고 2년 동안만큼은 제 할 일을 다 하기 때문에 한국의 임차인이 인터넷으로 손쉽게 구매한다. 가구가 필요하지만 언제 결혼할지 모르는 미혼의 청년들이 특히 선호한다.

한국의 ±35세대는 먼 미래를 계획할 여건이 안 된다. 당장 고용불안이 문제다. 입사해도 임금 테이블이 없다. 한 곳에서 몇 년 근무하면 어떤 위치에 어떤 정도의 급여 수준을 받을 수 있을지 예상할 수 없는 현실이다. 연봉제 때문이다. 기업에서는 '성과'를 부르짖으며 성과를 내면 충분한 보상을 한다 하지만 실제 100명 중 1명 정도나 찬란한 인센티브를 받는 것이 현실이다. 어렵게 취직을 했다 하더라도 해마다 연봉 인상폭은 물가상승률을 따르지 못한다. 경제는 늘 어렵고 동결인 곳도 허다하다. 그렇기 때문에 받고 있는 급여 수준을 높이기 위해서는 이직을 해야 한다. 또한 고용불안으로 오래 근속할 수 없는 직장 현실이다.

부동산 계약 만기가 돌아오는 시점이면 가슴이 조마조마하다. 1년 동안 회사에 다니며 아껴서 모은 게 몇백만 원인데 1년 동안 오른 전셋값은 몇천만 원이다. 집이 사람보다 낫다 싶다.

거기에 결혼이라도 했다 치면 앞은 더 캄캄하다. 아이를 낳고 싶어도 직장과 주거 여건이 마땅치 않으니 아이도 쉽게 계획할 수 없다. 나라에서는 장기 임대아파트를 분양한다고 하지만 한국토지주택공사 홈페이지에서 입주조건을 따져보면 당첨될 확률은 극히 낮다. 낮은 소득자, 부양가족 수, 신혼부부 등 선순위를 제하면 평범한 부부가 입주할 확률은 높지 않아 보인다. 2년 후의 삶을 계획하는 일은 그래서 늘 벅차다.

이들의 숨죽인 변화가 한국 경제를 뒤바꾼다

정리하면 이케아와 ±35세는 꽤 닮았다.

- 저렴한 가격(낮은 몸값)

- 빼어난 디자인(뛰어난 능력)

- 가격 대비 내구성(스펙 대비 단기 고용)

- 미완성 제품(삶의 중간단계)

- 단기적 만족감(미래를 계획할 수 없는 삶)

그래서 필자는 이 5대 이케아의 특징을 전제로 한국의 ±35세를 '이케아 세대'로 명명한다. 더구나 이들 이케아 세대가 가구 이케아를 또 가장 선호하는 소비그룹이라는 점도 연결성을 높인다. 그들이 이케아를 좋아하는 이유가 그들 삶의 기반과 직결되는 공통분모로 묶어낼 수 있어서다.

학자로서 작위적인 세대 구분의 한계와 부작용을 모르는 것은 아니다. 그러나 지금 한국사회는 세대를 둘러싼 냉엄한 현실과 우리가 모르고 있던 세대 변화를 놓친다면 감당할 수 없는 충격에 빠지게 된다. 그래서 보다 쉽고 뚜렷하게 비유할 개념을 바탕으로 이 세대에 대한 얘기를 풀어나가려고 한다.

물론 이케아만이 ±35세와 연결시키는 아이콘이 될 수는 없다. 중요한 것은 살기 빠듯해진 청년그룹의 현실을 인식하고 그 문제 구조의 정확한 파악과 대안을 마련하는 것이다. 단순히 갈등을 지적하고 아픔을 공유하는 것만으로 삶이 나아질 수는 없기 때문이다. 고학력 · 저연봉의 신세와 저가격 · 고품질의 가구 특징에 주목해 ±35세를 이케아 세대로 명명했지만 이게 사실상 문제 제기의 출발에 불과하다는 얘기다. 이대로 방치한다면 이케아 세대가 불러올 복수와 역습이 사회의 지속 가능성을 순식간에 훼손시킬 수밖에 없다는 점을 강조하고 싶다.

소 잃고 외양간 고쳐봐야 소용없다. 잃기 전에 손보는 게 순서다. 소를 잃었더라도 외양간을 고치고 다시 소를 들여놓아야 다음 농사를 지을 수 있다. 지금 이케아 세대는 많이 아프다. 고민 중이고 늘 갈등 중이다. 사회에 데뷔해 아슬아슬한 삶의 고빗사위*에 서 있다. 취업이 어렵거니와 성공해도 결혼은 생각조차 하기 힘든 시대다. 결혼한다고 끝나는 것도 아니다. 아이를 낳을 용기(?) 있는 커플은

구분	내용	특징
연령	20대 후반~40대 초반	1978년생(35세) 전후 7~8년
학력	높음	대졸, 석사 이상
연봉	낮음	정규직이면 다행이다
직위	사원~과장급	사라진 평생직장
결혼	미혼 및 기혼 초기	익숙한 싱글라이프
연애	현실 격차	연애를 원하지만 쉽지 않다
희망배우자	맞벌이 능력	남녀 모두 경제적 능력 우선
소비스타일	중저가 제품 선호	합리적 또는 절약 소비
부동산	불가능한 내집마련	소유에서 소비로의 전환
정치의식	패배감 및 무력감	정치 소외의 무력감 안착
문화취미	높은 안목	본인을 위한 소비
음주회합	잘 안 마심	돈도 없고 남 배려도 싫음
미래지향	포기한 안정성	냉엄한 현실상황 인식

별로 없다. 이들이 계속해 이케아 세대로 남는 한 소리 없지만 치명적인 저항은 기정사실이다. 지금부터 한국이 방관하고 있는 이케아 세대의 현실과 그들의 삶을 들여다보자.

● 가장 아슬아슬한 순간을 일컫는 순우리말.

행복 컨베이어벨트에
올라타기의 불가능성

봄은 푸르러야 맛이다. 봄인데도 눈발이라면 곤란하다. '철'없는 일이다. 그래서 '청춘靑春'은 옳다. 젊음은 밝고 떠들썩하며 활기차야 맞다. 그런데 이젠 아닌 성싶다. 요즘 청춘은 적잖이 변색됐다. 봄인데 봄 같지 않은 이상기후 탓이다. 한껏 찡그린 채 옹송그려져 고개 숙인 젊음만 수두룩할 뿐이다. 아파야 청춘이라 한다지만 좌절 모드는 생각보다 넓게 자리잡고 있다. 청춘이 맞이한 '아픔'은 생채기 수준을 이미 뛰어넘은 지 오래다. 일찌감치 인생의 쓴맛을 운운하는 조로早老한 청춘들이 흘러넘친다.

누가 더 불행한지 줄 세울 필요는 없다. 모두 다 힘들고 어렵다. 저성장·고령화는 모든 연령대에서 기쁨과 희망을 앗아가는 현상이다. 빈부격차로 통칭되는 양극화가 심화되면서 재산과 권력, 명예의 힘은 더 공고해진다. 이 기득권 세력에 숟가락 하나 얹어놓지 못한 이들이라면 단언컨대 당면한 호구지책조차 해결하기 힘들 만큼 삶은 움츠러들고 힘들어졌다. 이런 표류 인생과 하류 인생의 양산 구조가 고착화되면서 주류에서 겉도는 패배그룹은 더 늘어나고 있다.

사회는 지속 가능할 때 희망을 논할 수 있다. 지속 가능성이란 탄탄한 사회 구조를 뜻한다. 즉, 안정성이다. 대표적인 게 인구 구성이다. 인구 변화로 말한다면 '노인인구(65세 이상)÷현역인구(15~64세)<1'일 때 안정적이라고 말한다. 분모가 많고 분자가 적으면 적어도 인구 변수로 봤을 때 지속 가능성은 보장된다. 몸의 비례가 맞지 않고 노인 인구가 많은 가분수라면 위험하다. 이때 고령화는 분자의 증가 추세를 뜻한다.

그런데 한국은 분모가 늘어나도 힘들 판에 되레 빠른 속도로 줄어든다. 그래서 지속 가능성은 낮아진다. 현역인구의 효율성을 높이거나 노인인구의 은퇴 감축으로 안정성을 높일 수 있지만 이는 미봉책에 불과하다. 고도성장에서 감축성장으로 가는 더딘 성장률조차 기대하기 힘든 상황이다.

기성세대의 채근이 철없다

어쨌든 지금은 물론 앞날조차 만만찮다는 점은 분명하다. 지속 가능성의 열쇠를 쥔 현역인구의 절망감이 가장 큰 이유다. 생로병사라는 큰 라이프사이클에 따라 '교육 → 취업 → 결혼 → 출산'의 무난한 사회 진출에 거부감이 없어야 할 텐데 현실은 그렇지 않다. 어떤 선택이든 잘해야 본전이란 인식이 짙다.

피할 수 있다면 피하고픈 게 속내다. 미혼이면 혼자도 생활하기 힘든 마당에 결혼하고 출산까지 저지르는(?) 건 어불성설이다. 취업만이 지고지순한 미션일 뿐이다. 벌어도 마찬가지다. 가까스로 취업해도 아등바등 제 한몫 해결하기 힘든 시대다.

그 복잡한 심경의 압권은 30대에게서 잘 나타난다. 이들의 고민은 말 그대로 샌드위치 신세처럼 복잡하고 중층적이다. 20대 및 40대와 확연히 구분되는 생애 이벤트에 당면한 당사자이기 때문이다. 결혼이 대표적이다. 청춘이란 레테르*로 명명된 후속 세대답게 절망감은 20대와 공통적이지만, 인생의 절정을 맞아 새로운 도전을 요구받는 40대와는 또 고민거리가 다르다. 취업전선의 생채

---

* 상품에 관한 내용을 소개한 종이나 헝겊을 일컫는 말(라벨label, letter)이다. 심리학에서는 상대에게 기대하는 바를 말하면 상대도 그에 따른 행동을 한다는 의미(letter effect)로도 쓰인다.

기에 아파하는 20대와 달리 일정 부분 취업 무대에 데뷔했다는 점도 구분된다. 그럼에도 40대 선배처럼 '결혼 → 출산 → 양육'의 표준적인 기성세대로 진입하기는 마뜩잖은 세대다.

지금 대한민국의 30대는 혼란스럽다. 그 한가운데인 35세(만)를 예로 보자. 2013년 기준 1978년생이다. 이들은 복 받은 세대로 인생 데뷔를 했다. 오일쇼크로 스태그플레이션(물가 인상+성장 하락)이 퍼졌던 1970년대 후반 출생이지만 전체 그림으로는 고도성장이 한창일 때 태어났다. 이후 외환위기가 있었던 1997년까지 평균 10퍼센트에 육박하는 고성장과 맞물려 청소년기를 보냈다. 딱히 부족한 게 없던 유복한 시절의 기억이다.

이들은 시대 변화와 함께 개방의 수혜를 본격적으로 받은 첫 세대였다. 1980년대 개막과 함께 프로야구·축구·농구 등 높은 수준의 스포츠를 즐기며 어린 시절을 보냈다. 아시안게임과 올림픽, 그리고 월드컵까지 내로라는 국제 이벤트의 한복판에서 그 감흥을 즐겼다. 게다가 가족 자원을 나눠야 할 형제자매가 적어지면서 올곧이 부모 사랑을 받으며 자라났다. 한국 역사상 최초로 자기만의 공간(방)을 가졌으며, 내 집과 내 차를 보유한 부모덕을 톡톡히 봤다. 무엇보다 해외여행 자유화와 인터넷 보급을 통해 세계 수준의 문화 경험을 지닐 수 있었다.

다만 오래가진 못했다. 딱 10대까지였다. 1978년생이 대학에 들어간 1997년은 단군 이래 최대 악재로 비화된 환란換亂의 해였다. 외환위기가 그렇다. 대학 진학률 60.1퍼센트*를 기록하며 고교 동기 10명 중 6명은 대학생이 될 정도로 기대감에 부풀며 대학 캠퍼스에 들어섰지만 이때부터 경제 상황은 바닥없는 추락이 예고됐다. 빚 독촉은 세지는데 달러는 없자 IMF(국제통화기금)에 구제 요청을 하며 가까스로 국가 부도를 피하는 한계상황까지 내몰렸다.

대마불사의 재벌마저 부도가 횡행하는 판에 어지간한 기업은 버텨내기 힘들 정도였다. 개혁이란 이름의 구조조정은 단시간에 한국의 불행지표를 극한치로 내몰았다. 자살률, 실업률, 우울증, 빈부 격차 등 그간 특수한 사건으로 치부되던 사회문제가 전면으로 떠올랐다. 명예퇴직이 일상다반사로 펼쳐지며 고용 불안은 나날이 가중됐다. 다행히 1999년부터 한국 특유의 인적 자원과 도전정신이 맞물린 IT산업이 붐을 이루며 일정 부분 활기를 되찾았지만 전체적으로 그림자는 여전히 자욱했다.

----

* 1995년 51.4퍼센트였음을 놓고 보면 상당한 대학 진학률이다. 물론 이후 81.3퍼센트(2004년)를 찍기도 했지만 적어도 본격적인 대학 교육을 받기 시작한 최초의 세대라는 평가는 가능하다.

평생직장이 사라진 후

그래도 몇 년 지나면 또는 졸업할 때 즈음이면 좋아질 걸로 애써 자위했다. 계속될 불황은 없을 것으로 봤다. 오판이었다. 잠깐일 줄 알았던 소나기는 아예 일상이 돼버렸다. 만성화된 취업난이 대표적인 예다. 선배 세대처럼 대학만 졸업하면 큰 어려움 없이 취업하던 관행이 흔들리기 시작한 것이다. 생활 뉴스가 돼버린 구조조정은 무차별적으로 펼쳐졌다. 기존 직원은 명예퇴직으로 잘려버리고 신입 직원은 물꼬 자체가 막혀버렸다. 결과는 청년실업의 고공행진으로 이어졌다.

그렇게 탄생한 것이 비정규직이다. 선배 세대는 '정규직 → 비정규직'으로 탈락되고, 신입사원은 처음부터 계약직이란 이름의 비정규직이 통과 관문이 돼버렸다. 운 좋게 처음부터 원하는 대기업·정규직에 합격하기도 하지만 정말 운이 좋은 사례일 뿐이다. 원하면 대개 들어갔던 선배 세대와 달리 눈높이를 낮추지 않으면 호구지책이 힘들어졌다.

결국 평생직장은 사라졌다. 노동은 곧 비용이라는 신자유주의적인 경영철학은 마른 수건도 쥐어짜는 극한의 비용 절감을 요구했고, 이때 고용은 손쉬운 희생양이 됐다. 사람은 인건비라는 이름으로 대체되었다. 인건비를 아껴 글로벌 무한경쟁의 후폭풍을 피하겠다는 기업 논리는 고용 불안에 기름을 끼얹은 셈이었다. 고도성장 끝자락의 한국으로선 겪어보지 못한 첫 경험이었다.

'88만원 세대'는 이 과정에서 자연스레 태어났다. 20대 태반이 비정규직이란 말처럼 비정규직 평균임금(119만 원)에 20대 평균 소득비율(74퍼센트)을 곱해서 나온 게 88만 원이다. 쓰다가 불필요하면 줄이고 자르는 신세의 잉여세대 심정과 맞물려 공감대를 얻었다.

이케아 세대는 이들 88만원 세대와 약간 비켜갔다. 그러나 크게 다르지 않다. 도와주기는커녕 발목을 잡아채는 세상의 악재를 극복하며(?) 먼저 외롭고 힘들게 사회·경제의 허리 계층에 도달한 것이다. 서른을 넘겨서조차 여전히 일자리를 못 잡은 친구들에 비하면 그나마 박봉에 야근 천지이지만 작은 안정을 꿈꿔보는 일개미가 됐다.

고용 불안은 여전하다. 안 잘리려 발버둥치지만 언제든 짐을 쌀 수 있다는 위기감은 팽배하다. 마약 같은 월급날을 한 번 더 보낸 것에 자위할 뿐이다. 방법은 하나뿐이다. 경쟁력을 높이는 것뿐이다. 이력서에 남보다 뭐라도 한 줄 더 써야 뽑힌다. 몸값 높이기에 매진하는 것이다. 그래야 좋은 곳에 이직할 수 있다고 애써 기대한다. 어학연수·해외봉사는 기본에 대학원조차 흔해졌다. 학력 인플레다. 대학을 8학기로 졸업하는 일은 비정상이 됐고 2~3년 정도는 스펙 향상에 투입하는 게 상식이 돼버렸다.

사회 데뷔는 그만큼 늦춰졌다. 부모 등골을 꺾어가며 이력서를 꾸며냈기에 "나를 골라주세요!"라고 외치면 뽑아줄 것으로 생각했지만 역시 착각이었다. 스펙 경쟁은 결국 모두 똑같은 스펙을 만들어놓았고 과잉 학력의 경쟁자가 넘쳐나고 말았다.

결국 20대 신입사원이 천연기념물로 남을 만큼 고령 데뷔가 현실이 돼버렸다. 2012년 상반기 근로자 100인 이상 주요 기업의 대졸 신입사원 평균 나이가 남성 33.2세, 여성 28.6세로 조사됐다는 결과가 이를 뒷받침한다(한국고용정보원, 2013). 신입사원의 고령화다.[•] 연령별로 전형적인 피라미드를 보였던 직원 구성조차 뒤집어질 판이다. 1980년 20대 60.6퍼센트, 30대 23.7퍼센트, 40대 15.8퍼센트의 구성이 2004년 각각 27.5퍼센트, 33.0퍼센트, 39.5퍼센트로 변화했다. 2012년엔 20대가 최초로 20퍼센트대 밑으로 떨어졌다(19.9퍼센트). 반면 40대는 47.6퍼센트로 불었다(한국경영자총

● 〈동아일보〉, '20대 신입사원이 사라졌다', 2013. 9. 2. 신입사원 평균 나이는 1998년 25.1세에서 2008년 27.3세로 뛰었다. 신입사원 지원자 중 만 30세 이상은 2012년 1~7월 14만 1,214명에서 2013년 1~7월 18만 5,001명으로 늘었다(동아일보·인크루트). 1년간 31퍼센트나 급증했다. 취업 재수를 뛰어넘는 취업 장수 탓이다. 취업 준비로 대학을 오래 다니거나 이후 스펙을 위해 다른 곳에서 경험을 쌓는 현상 때문이다. 기업 공기는 좀 달라졌다. 나이 많은 신입사원 때문에 선후배 위계질서가 흔들리거나 대화 단절, 호칭 갈등 등의 문제가 발생해서다. 더욱이 기업 전체의 조로화까지 예상된다.

협회, 5인 이상 기업 대상).

늙은 부하 직원이 돼버린 35세 청년은 이제 앞날의 삶이 고민스
럽다. 그나마 십분 양보해 일자리를 해결하고 보니 새로운 인생 미
션을 부여받았다. 결혼이다. 회사 명함을 가졌으니 이제 가정을 꾸
릴 것을 강요당한다. 마음 맞는 짝이 있으면 다행이지만 첩첩산중
의 만만찮은 과제다. 결과는 미루거나 포기하기다. 청년 특유의 권
장사항이자 본능 영역인 연애조차 힘든 판에 결혼은 사치에 가깝
다. 즉 삶의 업그레이드 없이 30대가 돼버린 이들에게 결혼은 난
제일 뿐이다.

각자 찾은 소소하고 위태로운 생존 기술

옛날 대리·과장은 깨가 쏟아지는 신혼이라는 이미지가 있었다.
30대 초중반에 그 정도 직급이면 결혼은 상식이었다. 하지만 지금
은 아니다. 적어도 30대 중반을 넘기 전에는 노총각·노처녀 타이
틀은 어울리지 않는다. 무엇보다 결혼하기 힘들어졌다. 돈 문제가
크다. 어마어마한 결혼비용에 천문학적인 거주비용은 결혼을 자
기 영역에서 부모 영역으로 전가시켜버렸다. 부모가 부자가 아니
라면 또는 사랑에 미치지(?) 않았다면 결혼은 미루거나 포기다. 살

인적인 가족 구성의 경제적 압박에서 벗어나 외롭지만 혼자 사는 길을 택했다.

30대 중반의 수많은 김 대리·박 과장은 선배 세대와 다른 길로 방향을 잡았다. 선배 세대가 자연스레 올라탔던 '졸업 → 취업 → 연애 → 결혼 → 출산'의 행복 컨베이어벨트 시스템이 가동되지 않는 시대임을 누구보다 잘 알아서다. 대신 취업 때 경험해본 눈높이를 낮추는 데 한층 익숙해졌다. 연애·결혼·출산을 포기한 대가로 삶의 '소소한' 현실 만족을 얻어냈다. 나를 위해 투자하고 문화생활을 즐기는, 철저히 본인을 위한 싱글 카드가 그렇다. 무거운 책임이 뒤따르는 가족을 꾸리는 일 대신 적어도 혼자라면 고용 불안의 박봉 신세일지언정 살아낼 수는 있어서다.

뒤집어 말해 이들 세대에게 현실은 여전히 비포장도로다. 안타까운 건 앞날이다. 미래와 희망을 일찌감치 버리지 않았는지 우려돼서다. 30대의 각종 불행지표를 챙겨보면 기우는 염려에 그치지 않는다. 결국 30대에게 파랑새는 없다. 그럭저럭 하루하루를 버텨낼 뿐이다. 어쩌면 버텨내는 것만으로 사실상 그들 몫은 전부 다 했을 수 있다. 사라지는 이들조차 만만찮기 때문이다. 발악이라도 하면 좋으련만 이들은 입조차 닫아버렸다.

:: 대한민국 35세(만)의 어제와 오늘

연령	내용	생애 이벤트	주요 경제사건
–	1978	출생	성장률 14.60퍼센트(1분기)
7세	1985	초등 입학	아시안 게임 개최
10세	1988	초등 4학년	서울올림픽 개최, 성장률 16.30퍼센트(1분기)
13세	1991	중학 입학	일본 버블 붕괴 개시
16세	1994	고교 입학	금융실명제 개시 1년차
19세	1997	대학 입학	외환위기(IMF 구제금융) 발생
21세	1999	대학 3학년	IT(코스닥)붐 발생, 청년실업률 10.9퍼센트
24세	2002	대학 졸업(女)● 및 취업	청년실업률 7퍼센트
26세	2004	대학 졸업(男)● 및 취업	카드 대란(연체율 30퍼센트 육박), 청년실업률 8.8퍼센트
27세	2005	취업 1년차(男)	고유가 압박, 부동산 투기 과열
30세	2008	취업 4년차(男), 대리	금융위기 발생, 성장률 -3.30퍼센트(4분기)
31세	2009	취업 5년차(男), 결혼	남성 평균 초혼 연령(31.6세, 여성 28.7세)
35세	2013	취업 9년차(男), 과장	성장률 2.5퍼센트(전망), 초저금리(2.82퍼센트, 5월), 가계부채 1,000조 돌파(연말 전망)

＊자료: 청년실업률은 OECD, 성장률은 통계청

● 남녀 모두 해외연수 또는 취업 재수로 대개 1~2년 지각 졸업이 일반적이다. 여기서는 1년으로 간주했다. 남자는 군대 2년 추가.

결혼,
가능하신가요?

1978년생은 이제 30대의 한가운데에 섰다. 나름 산전수전 다 겪으며 가까스로 잡은 직장에서 손에 익은 업무를 처리하며 하루하루를 보낸다. 10대 때의 입시 지옥과 20대 때의 좌절의 입사 전쟁을 떠올리면 그래도 지금이 낫다. 적으나마 '월급 마약'이 생활의 숨통을 열어줘 자존심을 지켜낼 수 있다. 주변엔 비슷한 처지의 동료와 친구가 수두룩하다. 조촐한 재테크로 박봉을 쪼개 모은 목돈으로 잠깐씩 즐기는 해외여행은 미로에 갇힌 30대 중반에게 오아시스와 같다.

저항 없는 소시민으로 살기에 적당한 수준의 호구지책糊口之策에 불만은 없다. 같은 라인에서 출발했건만 아직도 노량진이나 신림동에서 고시 공부 중이거나 패배를 반복 중인 다른 친구에 비하면 복 받은 것과 매한가지다.

다만 이것만 떠올리면 머리가 지끈지끈거린다. 주변의 시선은 아예 '못난 인생'의 표본처럼 비하한다. 답답한 노릇이다. 그렇다고 안 하고 싶은 숙제는 아니다. 결혼은 하고 싶다. 하지만 안 되는 걸 어쩔 노릇인가. 그래서 더 짜증스럽다. 자신감은 이미 내다버린 지 오래다.

30대라면 회피하기 힘든 게 결혼이라는 과제다. 연애든 결혼이든 짝을 찾는 건 본능이다. 그런데 냉엄해진 현실의 압박은 이 생물학적 본능을 거세시켜버렸다. 안 하는 게 아니라 못 하게 만들어버렸다. 깨져버린 결혼의 경제학이다. 결혼이란 카드가 비용 대비 효용이 낮다고 인식되기 시작한 것이다. 결혼의 장벽을 넘자면 거액의 자금을 비롯한 유무형의 비용이 발생하는데 그 엄청난 이벤트 뒤에 발생할 효용이 주판알로는 도저히 튕겨지지 않는다. 이런 시류는 나날이 확산돼 아예 연애조차 포기한 미혼 청춘마저 흔해졌다.

왜 싱글이냐 물으면 웃지요

성별로 나눠보자. 남자는 가장 본능이 있다. 여전히 대한민국은 남성은 일을 하고 여성은 가사를 맡는 전통적인 가치관이 남아 있다. 맞벌이가 늘었지만 가장의 책임과 의무감이 크다. 가장의 어깨란 넓고 무겁다. 미약한 인간을 넘어 슈퍼맨처럼 부양가족을 책임지고 이끌어야 한다는 미션을 부여받게 마련이다.

그 첫 번째 관문이 주지하듯 취업 터널의 통과다. 가족 구성은 취업 단계를 통과한 후에야 진지하게 고민해볼 수 있는 문제다. 반대로 취업 실패나 불안정한 일자리라면 가족 구성은 꽤 고단해진다. 가장으로서 기본 임무를 수행할 능력이 부족하다고 인식돼서다.

그래서 나타나는 게 자기방어기제다. 가족 구성의 연기 혹은 포기다. 가족을 꾸리는 과정인 연애와 결혼을 미루고 포기함으로써 가장 역할을 내려놓으려는 방어심리다. 본능 거세다. 젊음이 지닌 특권이자 본능인 연애와 결혼에 대한 자신감과 추진력이 땅에 떨어지는 것이다.

이러한 현상이 세계에서 가장 빨리 나타나고 있는 곳이 일본이다. 이미 오래전부터 일본에서 회자되는 키워드는 '초식남草食男'이다. '풀을 뜯어먹는 총각'이 대량 양산되고 있는 현실이다. 근육과 육식으로 대변되는 남성성을 버림으로써 각박하고 살벌해진 돈벌이의 현대사회에 걸맞게 진화(?)한 것이다. '연애는 곧 부담'이라는 등식이 성립되고 있다.

풀만 먹는 초식동물처럼 온순하고 소극적인 결혼 적령기 남성이 늘었다는 증거는 숱하게 많다. 집계 기관마다 다르긴 해도 일본 통계에 따르면 결혼 적령기 남성의 대략 60~80퍼센트가 초식남성으로 분류된다. 적어도 절반 이상은 초식계열이란 게 중론이다. 그만큼 연애 상대가 없는 솔로가 많다. 연애조차 귀찮다는 응답도 생각보다 높아 사회문제로까지 비화되곤 한다. 동년배의 동성그룹에 워낙 초식남들이 많다보니 집단적인 안정감과 동질감마저 생겨나 스스로 '초식'임을 밝히는 게 다반사다.

일본 초식남이 가져온 풍경 변화를 잠깐 보자. 이들은 도쿄 시내의 점심시간 모습을 바꿔버렸다. 도시락과 물통을 챙겨들고 출퇴근하는 20~30대 직장인과 대학생이 부쩍 증가했다. 눈치를 보며 홀로 식당을 찾아 구석에서 밥을 먹는 총각들도 적잖다. 2~3년 전 한 대학은 화장실에 식사 금지 안내문을 붙였을 정도다. 홀로 마시는 술조차 익숙하다. 초식답게 앉아서 소변을 보거나 평소 눈썹 정리를 하는 청춘 남성도 적잖이 늘어나는 추세다. 또 총각 직장인은 해외 근무를 거부한다. 도전정신으로 요약되는 해외 근무 대신 안전하고 익숙한 곳이 좋아서다.

소비 성향도 초식계열로 변한다. 청춘 특유의 지르기보다 신중한 알뜰 소비에 익숙하다. 에코백을 들고 유니클로에서 쇼핑한다. 전통적으로 20대가 즐기던 음주·레저 등은 욕구가 줄어들었다. 고가의 브랜드와 자동차도 썩 내키진 않는다. 이성보다는 동성 친구가 편하고 좋다. 휴일은 집에서 컴퓨터·DVD·음악·독서 등으로 소일한다. 예전에도 초식남처럼 소극·내성·폐쇄적인 젊은이는 존재했지만 시간이 갈수록 소수에서 주류로, 또 청춘 남성의 대세로 여겨지는 실정이다.

그렇다면 대칭점에 선 일본의 청춘 여심은 어떨까. 역시 우리나라에도 소개된 바 있는 '건어물녀干物女'로 요약된다. 연애·결혼에 관심이 없는 대신 뚜렷한 동성·중성화의 경향이 심화된다. 2007년 유행어가 된 후 이젠 일반명사로까지 확산된 단어다. 화려한 소비와 뜨거운 연애에 열중하기보다 퇴근 직후 집에서 운동복 입고 맥주를 마시는 무미건조한 여성을 말한다. 내성·감성·온순·의존적인 초식남과 구분되지만 이성에 관심 자체가 없는 건 공통적이다.

심화되면 '아저씨 계열 여자おやじ系女子'로 승격(?)된다. 처녀가 아저씨처럼 행동하는 경우다. 중년 아저씨처럼 저녁에 반주를 즐기고, 건강보조식품을 먹으며, 기차를 타면 맥주부터 들이켜고, 잔돈은 받자마자 주머니에 찔러 넣는 터프한 행동을 스스럼없이 한다. 유행어로 선정된 '조시카이女子會'란 현상도 관련이 깊다. 젊은 여성 직장인OL, Office Lady에게서 이성보단 동성, 연애보다 본인을 챙기려는 새로운 사회 현상을 뜻한다. 말 그대로 여자끼리만 갖는 모임이다.

실제 미혼 여성 중 상당수는 이성을 만나는 미팅이나 소개팅보다 동성끼리 즐기는 조시카이를 선호한다. 불편하고 재미없는 소개팅 자리에 나가 시시한 남자와 시간 쓰고 돈까지 쓰는 것보다 여성끼리 비밀을 공유하고 스트레스를 날려버리는 게 낫기 때문이다.

한국 뮤지컬은 왜 급성장했을까

요컨대 싱글 여성들에게 요조숙녀·현모양처는 옛말이 된 지 오래다. 어떤 이는 일본의 청춘 여성을 하이에나로 비유한다. 아가씨들이 덩치는 작아도 사납고 거친 육식동물처럼 변했다는 얘기다. 사회가 맹수 기질의 여성상을 원하며 전통적인 여성성은 유지가 힘들고 귀찮다는 점도 있다.

실제 한·중·일 3국의 싱글 여성 성향지수를 비교한 조사 결과가 이를 뒷받침한다.* 이들은 외생적인 의무감보다 내생적인 자기애에 충실하다. 가족 구성이 힘들어지자 본인의 행복을 최우선 과제로 삼으려는 심리다. 공연당 티켓 값이 10만 원을 넘는, 문화산업 중에서 고가에 속하는 뮤지컬이나 라이브 공연에 돈을 쓰는 게 낫다는 판단이다. 최근 일본과 우리나라에서 음악 페스티벌과 뮤지컬 산업이 부흥한 데는 싱글 여성들의 가치관 변화도 한몫했다.

청춘을 둘러싼 남성의 여성화와 여성의 남성화, 곧 중성화 트렌

드는 주머니 사정과 관련이 깊다. 경제 상황이 본능 발현을 왜곡시
킨 결과다. 풀 뜯는 총각의 등장은 암울해진 고용 사정이 한몫했다.
취업 전쟁을 뚫기 힘들거니와 뚫어도 고용 안정성이 떨어지니 돈이
드는 연애와 결혼을 애초부터 고려하지 않는 것이다. 그와중에 불
확실한 장기 계획인 가족 구성을 위해 쌈짓돈을 소비하는 건 경제
학적으로 타당치 않은 일이다.

반면 여성은 그래도 좀 낫다. 20대 여성의 소득 수준이 20대 남
성 평균보다 높기 때문이다. 부드럽고 섬세한 일손이 필요한 서비
스업이 근육을 필요로 하는 제조업을 능가한 산업의 변화가 젊은
여성의 소득 수준 향상에 기여했다. 또 싱글 여성 특유의 소비 성향
이 반영돼 지출 수준도 남자보다 상대적으로 높다. 가장 역할로부
터 자유로워 소비 여력이 높다는 점도 고무적이다.

그래서 애써 선택을 당하는 순종적인 여성화보다 스스로 남성

● 한 · 중 · 일 3국의 청춘 남녀 성향과 관련한 비교조사다(엠브레인 · 2012년). 일본 20대 여
성의 남성적 성향지수(3.39점)는 동년배 남성(3.22점)보다 높다. 특히 공격 성향도 여성(2.63
점)이 남성(2.51점)보다 높게 나왔다. 여성의 남성화는 한 · 중 · 일 3국 중 일본이 가장 높게 조
사됐다. 여성의 남성화는 강해져야 살아남는다는 인식 탓이 크다. 자세한 내용은 다음 사이트 참
조(http://news.donga.com/3/all/20110520/37411724/). 여성의 남성화가 진전됐다는 조
사 결과는 또 있다. 25~35세 미혼 여성을 대상으로 "본인이 수컷화되고 있다고 생각하는가"를
물었더니 63퍼센트가 "그렇다"고 답했다. "본인보다 남자답지 못한 남자가 주변에 있는가"에 대
한 응답도 70퍼센트에 달했다(NEC · 2009년). | 출처: 《장수대국의 청년보고서》, 전영수, 고려원북스, 2012.
pp.173~174. 재인용.

처럼 결정하고 책임지려는 동기가 높아진다. 요컨대 여성의 남성화는 '연봉 증가 → 심리 안정 → 자신감 회복 → 소비 확대'로 비롯됐다고 볼 수 있다.

연애 · 결혼이 힘들고 귀찮아지면서 섹스 경험마저 감소세다. 남성은 무능력하고 여성은 귀찮아 본능을 멀리하는 식이다. 섹스 감소엔 여성의 건어물화도 관계가 깊다. 일본성교육협회는 일관된 상승 경향을 보였던 섹스 경험이 하락세로 돌아선 데 주목했다.• 남자 대학생의 54퍼센트, 여자 대학생의 47퍼센트가 성경험이 있다고 했는데, 이는 전년 조사인 2005년에 비해 각각 7퍼센트포인트, 14퍼센트포인트 하락한 수치다. 특히 여성의 하락폭이 크다. 그리고 그 원인을 '초식화'로 규정했다.

중성 추세는 한국이라고 사정이 크게 다르지 않다. 한국에서도 남성의 초식화와 여성의 건어물화는 이미 시작됐다. 필자가 가르치는 학생들만 해도 여성 파워가 놀라울 정도다. 적극적이고 도전적이며 활기찬 여학생과 대비되게 남학생은 조용하고 온순하며 수동적인 경우가 비일비재하다.

습관처럼 당구치고 술 마시던 남학생 특유의 과거 이미지는 찾

● 이 조사는 일본성교육협회가 거의 6년에 1회씩 실시하는데 전국 11개 지점의 중 · 고교 및 대학생을 상대로 한다. 최근 조사인 2011년의 경우 약 7,700명이 대상이 됐다.

기 힘들다. 연애조차 힘을 잃은 지 오래다. 돈도 없을뿐더러 의지조차 없는 듯 보인다. 하물며 적어도 결혼을 필수로 보는 인식은 남녀 모두 크게 낮아졌다.

결혼을 원하지만 안 한다

보다 안타까운 건 결혼하고자 하는 욕구다. 그나마 다행인 건 결혼하지 않겠다는 독신을 생각하는 이들이 많지 않다는 점이다. 내 주변 절대 다수의 미혼 남녀 또한 결혼을 원하고 있다. 그러나 할 수 없게 만드는 현실에 좌절한다는 얘기다.

문제는 앞으로다. 지금대로라면 20대 초반 5명 중 1명은 평생 미혼으로 남을 전망이다(한국보건사회연구원, 2013). 〈혼인동향분석과 정책과제〉에 따르면 2010년 인구 센서스의 연령대별 미혼율이 계속 유지될 경우 다음과 같은 결과가 도출된다. 20세 남자 중 23.8퍼센트가 45세 때까지 미혼 상태로 남는다는 추정이다. 여성은 18.9퍼센트로 조금 나을 뿐이다. 45세는 사실상 평생 미혼의 임계점이다. 그때까지 결혼하지 못하면 이후는 평생 미혼으로 간주된다.

이렇게 되면 결혼은 중대한 신호로 작용한다. 즉 본능을 지켜낼 능력이 있음을 인정받는 신호로 인식될 수 있다. 이는 특히 여성의 교육 수준과도 관련이 깊다. 여성의 결혼 여부는 교육 수준과 높은 상관관계를 가져서다. 과거 교육 수준과 여성 결혼의 비율은 비교적 무관했다. 남성 전업의 외벌이 수익모델이 유효했기에 여성의 경제 능력은 큰 고려사항이 아니었다. 되레 교육 수준이 낮을수록 결혼 비율이 높기까지 했다.

그런데 요즘은 맞벌이가 대세다. 남성 가장만으로는 먹고살기 힘들어지자 맞벌이가 가능한 여성의 몸값이 결혼시장에서 상승했다. 여성 고학력자의 부각이다. 반면 맞벌이라도 기대소득이 낮을 저학력 여성이면 결혼은 꽤 힘들어졌다.

실제 결혼은 '인정받은 사람'이라는 걸 증명해주는 절대 레테르다.● '인정받고 싶은 개인'과 '인정해주지 않는 사회'의 대결 구도 속에서 결혼은 중대한 승인지표다. 지금 청년은 불안하다. 반대로 인정받고 싶은 심리가 크게 작용한다. 이는 왕왕 경제적 불안보다 심한 괴로움을 안겨주는 숙제다. 사회적으로 인정받지 못한다는 승인격차의 슬픔이다.

승인엔 3가지가 있다. 친화적 승인(가족 · 연인 등 친화적인 관계로

● 야마타케 신지,《인정받고 싶은 것의 정체認められたいの正体》, 코단샤, 2011.

부터 얻는 승인), 집단적 승인(직장·학교 등 공통 목적의 집단에서 얻는 승인), 일반적 승인(광범위한 일반 사회로부터 얻는 승인)이다. 친화적 승인은 승인의 원점이다. 가족은 사회의 최소 집단이자 가장 고농도의 관계를 지닌 타자다. 어떤 인간관계도 가족을 뛰어넘는 친밀함을 제공해주진 않는다.

결혼하지 않는 불안한 행복

그러나 현대사회는 가족 기능이 정상적이지 않다. 미혼율의 증가가 그렇다. 일본의 경우 50세 시점의 미혼 비율은 남성(20.14퍼센트), 여성(10.61퍼센트) 모두 월등히 높아졌다(《저출산사회대책백서》, 2013). 나이 50의 남자 5명 중 1명이 독신이란 얘기다. 이를 '승인'이란 키워드에 투영시키면 2가지 문제가 불거진다. 단순히 가족으로부터의 친화적 승인을 얻지 못하는 인구 증가와 독신이란 이유로 주위·사회로부터 듣는 세간의 평가가 그렇다. "저 사람은 결혼 못한 불쌍한 사람"이란 평가를 듣고 마는 것이다. 집단·일반적인 승인조차 거부당하는 것이다.

물론 이런 세간의 평가가 시대착오적일 수 있다. 가치관의 다양화와 여성의 사회 진출이 늘면서 남녀 모두 '결혼하지 않는 행복'을 만끽할 수도 있다. 그럼에도 여전히 부모 압박과 주변의 시선은 부담스러울 수밖에 없다. 세간의 눈이란 그만큼 피곤하다. 결국 생애 독신자는 희망 여부와 상관없이 가족 승인의 결여와 함께 패배그룹이란 레테르까지 감수하는 게 불가피하다. 본인 마음과 외부 시선의 이중적인 승인 부족을 느끼는 것이다.

외부 시선은 옛날보다 약화됐다. 힘들지만 못 버틸 이유가 없다. 다만 현대사회는 별개 문제를 초래한다. 결혼과 연봉의 상관관계다. 일본의 경우 30대 남성 중 연봉 600만 엔 이상의 기혼율은 37.6퍼센트다. 그러다 연봉이 낮아질수록 기혼율도 떨어진다. 500만 엔대 35.3퍼센트, 400만 엔대 29.4퍼센트, 300만 엔대 26.5퍼센트, 300만 엔 이하 9.3퍼센트 등이다(〈결혼·가족형성에 관한 조사〉, 2011). 30대는 후반으로 갈수록 연봉이 많아지고 기혼율도 높다고 볼 수도 있다. 다만 이런 조류는 20대에서도 마찬가지다. 여성의 경우 최고액 연봉자일 경우 기혼율이 떨어지지만 대체적으로는 비슷하다.

까다로워지는 결혼 시장

결혼은 단 한 명의 반려자를 파트너로 선택하는 사회적 승인제도다. 결혼 못하는 사람에게 결혼은 확실히 생존을 위한 경쟁이며, 험

악해진 시장 논리가 적용되는 사례다. 결혼의 조건은 다르겠지만 결국 배우자에 대해 본인에 상응하는 가치를 요구한다는 건 공통적이다. 요컨대 시장경쟁이다.

고도성장이 한창일 때 3고高로 불렸던 키, 수입, 학력의 결혼 조건이야말로 시장경쟁 상품화의 절정이었다. 다만 이때는 외벌이가 많았던 탓에 기혼 여성의 행복은 특히 남성 배우자의 가치에 따라 결정됐다. 여성이 남성을 보는 결혼 조건이 까다로울 수밖에 없는 이유다.

반면 최근은 맞벌이 시대다. 맞벌이가 되면 '여성 → 남성'으로만 강조되던 일방적인 결혼 조건이 상호·교환된다. 남성도 여성의 가치를 보기 시작했다는 얘기다. '여성↔남성'이다. 결국 남녀 모두 결혼시장 경쟁이 치열해질 수밖에 없어졌다. 상대방 찾기가 힘들어진 것이다.

이렇게 되면 결혼하고 싶어도 못하는 경쟁의 패배자가 많아질 수밖에 없다. 독신 레테르가 갖는 위험성이다. 결혼하면 일단 기본은 인정하되, 결혼하지 않으면 그 기본조차 의심하려 든다. '결혼 → 능력 → 직장 → 연봉'의 금전 이슈부터 '결혼 → 성격 → 관계 → 인기'의 사회 이슈로까지 승인 확대는 자연스레 발생한다. 반대로 승인받지 못하는 함정에 반복해 빠져 허우적대는 새로운 피해자도 늘어난다.

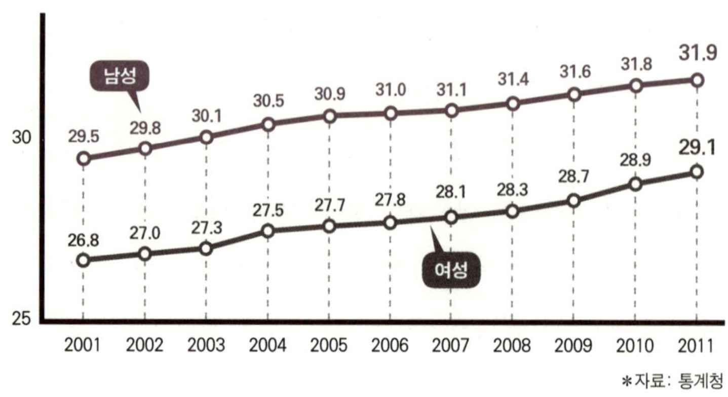

어쨌든 취업은 통과했다 치자. 그렇다면 이제 남은 숙제는 결혼이다. 그런데 어느새 본능은 원하지만 현실은 가로막는 이슈로 변질됐다. 연애도, 결혼도 돈 문제가 크다. 살기 힘드니 사랑만으로 상대를 고르는 것은 사치다. 배우자의 경제 능력이 급속도로 무게를 얻는 추세다. 본인 몸값이 어느 정도 될 때까지 미뤄보지만 자칫 포기 상황에 내몰릴 위험이 크다. 늦춰지는 초혼 연령 추이가 이를 잘 반영한다. 취업에 성공했어도 소모적이고 귀찮은 이벤트가 된 셈이다. 여기에 일찍부터 배운 고단한 삶의 학습효과는 총각들에게 풀을, 처녀들에게 맥주를 택하도록 강요했다. 충분히 자발적인 선택 카드지만 그 속사정에는 현실적으로 수용할 수밖에 없는 압박이 적지 않다. 어려운 문제다.

어쨌거나 취업하신 당신, 결혼은 하실 수 있겠습니까?

대리님,
아이는 낳으실 건가요?

면접관: 결혼하셨는데 혹시 출산 계획 있으신가요?

구직자: 당분간 출산 계획은 없습니다.

요즘은 이렇게 묻는 면접관이 없다. 있다면 고용노동부에 신고하라. 하지만 취업 후 사석에서라면 다르다. 혹여 술자리에서 출산 얘기가 나오면 어떨까? 해당 연령대 여성 직원이면 '계획 없음'을 내뱉게 된다고 한다. 생존을 위한 준비된 멘트다. 우울하지만 엄연한 현실이다. 그럼에도 이 이야기는 진실에 가깝다. 회사를 계속 다니려는 욕구와 무관하게 출산 자체를 애초부터 미루거나 포기할 수밖에 없는 시대의 압박 탓이다.

아이를 안 낳으면 안 되는 시대가 있었다. 멀리 갈 필요도 없다. 불과 얼마 전까지 그랬다. 무자無子는 칠거지악七去之惡 중 하나로 아내가 내쳐지기도 했다. 지금은 정반대다. 이젠 아이를 낳는 게 죄인인 시대다. 상전벽해가 따로 없다. 이유가 뭘까. 경제적으로 설명한다면 투입 대비 산출효과가 떨어졌기 때문이다. 자녀가 재화일 수는 없지만 출산이란 선택에 유무형의 경제학적 함수가 동원된다면 '무자식 상팔자' 판단은 단언컨대 옳다.

필자 주변엔 35세 안팎의 지인들이 꽤 있다. 주로 후배들인데, 이 중 일부는 결혼한 지 꽤 시간이 지났건만 아직 자녀가 없다. 일부는 노력(?) 중인데 안타깝게도 시간이 걸리는 것 같다. 문제는 아예 의도적으로 애를 갖지 않으려는 경우다.

실제 곰곰이 떠올려보니 의외로 적잖은 사례가 떠오른다. 늦게 결혼해 무리하게 애를 갖지 않으려는 쪽과 애초부터 자녀에 뜻이 없는 경우로 나뉜다. 공통점은 부부 둘만의 시간을 알차게 보내겠다는 속내다. 다만 한 꺼풀 뜯어보면 솔직한 이유는 금전 부담 탓이다. 둘인 데도 빠듯한데 출산·양육·교육의 가시밭길을 걷는 악수(?)는 피하겠다는 심정이다. 출산의 행복을 얻고자 그나마 아등바등 올라선 결혼의 행복을 버릴 수는 없어서다.

사회는 이들을 통틀어 '딩크족DINKS, Double Income No Kids'이라 한다. 독한(?) 엄마로도 불리는 워킹맘의 '듀크족DEWKS, Double Employed

With Kids'과 구분해 칭한다. 이 둘은 취업과 결혼이라는 청춘 최대의 미션을 수행한 후 맞닥뜨리게 되는 또 다른 골칫거리 선택 카드다. 특히 여성의 경우 일과 자녀(가정) 중 하나를 고를 수밖에 없는 냉엄한 직장 논리 탓에 상당 기간 고민해야 할 선택지다.

이는 선배 세대는 겪어보지 못한 갈등 구조다. '졸업 → 취업 → 결혼 → 출산 → 양육'이라는 자연스레 구조화된 컨베이어벨트에 올라타 그때그때 생애 이벤트의 행복을 느끼는 게 상식이었던 시절을 보낸 덕분이다. 행복이란 결승점에 도달하기 위한 무난한 토너먼트에 가까웠다. 가족 구성 때 고려되는 경제 능력은 지금처럼 중차대한 결정 변수가 아니었다. 남편의 외벌이만으로 4인 가족 정도는 살아낼 수 있는 고도성장의 인플레 수혜 결과다.

이때 등판 포기는 순전히 개인적인 문제로 귀결되는 집안 사정에 불과했었다. 지금처럼 생애 이벤트를 방해하는 거대한 사회 구조 탓을 하기는 힘들었다. 기성세대를 향한 후속 세대의 상대적 박탈감이 거센 이유다.

출산을 권합니다(3억 정도 드는 양육비는 셀프입니다)

요즘 늦둥이가 화제다. 마흔은 물론 쉰 넘어서까지 늦둥이를 봤다는 소리마저 심심찮게 들린다. '자녀는 곧 비용'이라는 공고한 등식 탓에 물리적(?) 상황이 용이한 2030세대 부부조차 고민거리인 자녀 출산을 4050세대가 선택하는 건 왜일까?

우문愚問이되 현답賢答인 게 또 '돈'이다. 요컨대 늦둥이 가정의 유력 특징 중 하나가 안정된 경제력이다. 특히 외동을 둔 경우 더 늦기 전에 늦둥이를 보자는 합의(?)가 때때로 집안의 경사로 이어진다. 당연히 낳아서 키울 금전 및 시간ㆍ정신적인 여력을 갖춘 경우에 한정되지만 말이다.

이런 이유로 이제 자녀 출산은 곧 경제 능력의 가늠자다. 자녀 출산과 경제력의 비례관계에 대한 인식이 높아졌다. 자녀를 3명 출산하면 부자라는 소리를 듣는 게 요즘 세상이다. 늦둥이처럼 자녀가 몇 명인지가 해당 가정의 경제력을 뒷받침한다는 경험법칙이다. 배우자(특히 여성)의 학력이 사회적 인정을 받는 중대한 승인 장치이듯 자녀의 수도 해당 부모의 경제력을 판단하는 주요 지표로 격상(?)된 것이다.

실제 자녀가 2명까지는 그렇다 쳐도 3명 이상이라면 적어도 필자 주변에선 평균 이상의 경제력이라고 인식된다. 그게 아니면 공무원ㆍ전문직처럼 장기ㆍ안정적인 직업군에 속하는 경우가 대부분이다.

때문에 경제력이 떨어지는 청춘 남녀는 출산을 미루거나 포기하게 마련이다. 그러나 포기가 아닌 사회의 강요다. 하고 싶지만 할 수 없다. 설혹 결혼해도 출산은 무리다. 출산과 함께 삶의 무게가 현격히 무거워진다. 출산은 최대한 맞벌이를 통해 벌어둔 뒤의 일로 미룰 수밖에 없다.

결코 볼멘소리가 아니다. 나 역시 아이를 키우지만 이케아 세대의 양육환경을 보면 절로 한숨이 터져 나온다. 직장과 양육의 양자택일을 강요하는 업무환경 탓도 크다. 출산 이후 양육 · 교육비는 높아지는데 직장에서 사표가 강요되는 풍경은 예비 세대에게 결정적인 학습효과를 제공해 출산을 포기하도록 유인을 높인다.

특히 놀이방 · 유치원 비용이 비싸다. 할머니, 할아버지가 부자가 아니면 자녀 2~3명은 불가능하다는 말은 헛말이 아니다. 괜찮은 어린이집이면 부르는 게 값이다. 아닌 곳에 맡기면 빈발하는 영유아 피해의 사건 · 사고가 두렵다. 저비용에 양육 · 교육환경이 빼어난 공립시설이 있지만 문턱은 턱없이 높다. 국공립 어린이집 · 유치원을 원하는 아동은 줄을 섰다. 출산하자마자 신청해도 2~3년은 족히 걸린다는 우스갯소리마저 들린다. 낙담하고 포기하는 게 현실이다. 말로만 하는 결혼 · 출산 권유가 아닌 실질적인 환경 개선을 기대하지만 현실과의 괴리는 크다.

취업과 결혼이라는 다리는 겨우 건넜지만 출산 · 양육 앞에서 갈등하는 2030세대 청춘그룹의 심각한 고민은 살벌해진 숱한 관련 통계에서 확인된다.

먼저 출산 부담부터 보자. 임신부터 출산까지 드는 비용은 평균 200만 원 수준으로 알려졌다(건강보험관리공단). 당연히 보험 처리를 벗어난 추가 검사·시술이면 비용이 더 발생한다. 이른바 노산인 30대 중반을 넘어선 고령 산모(?)가 대표적이다. 그래도 여기까지라면 생각보다(?) 저렴하다. 본격적인 지출은 그 다음부터 시작이다.

출산·양육 단계에서 애를 낳는 게 그나마 제일 싸다는 푸념을 뒷받침할 수치다. 일례로 산후 조리는 2주에 200만~300만 원을 호가한다. 내 자녀를 특별히 여기고픈 본능적인 부모 사랑에 호소한 교묘한 육아 대상 마케팅이 나날이 진화한 결과다. 이렇게만 해도 서울 중산층의 월평균 육아 지출 총액이 118만 원에 달한다. 월 소비 지출의 62퍼센트가 육아비용인 셈이다. 부모가 맞벌이면 육아비용은 가히 살인적이다. 부부 중 한 사람 월급은 고스란히 양육비에 들어가는 것이다.*

이제 교육으로 넘어와보자. 출산을 주저하는 가장 큰 이유로 거론되는 게 부담스러운 교육비용이다. 동시에 노후 대비를 가로막는 최대 장벽이 자녀 교육비란 건 상식에 가깝다. 둘의 고민을 한데 묶

● '영유아 양육물가 현황과 지수화방안', 육아정책연구소, 2013.

으면 '돈 먹는 자녀'로 갈무리된다. 자녀 양육·교육비가 가계소득의 절대 지분을 차지한다는 얘기다.

한국은 '스펙 공화국'이다. 결승전은 대학 입시에서 치러지지만 예선전은 이미 유치원까지 내려왔다. 100세 시대를 함께할 대학·직장 타이틀 확보 경쟁이 이미 맨 아래까지 내려왔기 때문이다. '영어유치원 → 사립초등 → 국제중 → 특목고 → 명문대'의 엘리트 코스에 대한 갈망이다. 공고한 학력사회의 반영지표이자 성공 인생의 보증수표인 탓이다. 궤도 이탈이 심할수록 낙오자로 찍히는 건 물론이다.

앞으론 더 심화된다. 고령화와 양극화로 스펙의 힘은 더 커질 수밖에 없다. 어릴 적 첫 단추를 잘 끼워야 큰 위기 없이 잘살 것이란 부모의 기대심리도 한몫을 톡톡히 한다. 결과는 천문학적인 사교육 확대다. 스펙은 곧 '금전+정보'인 까닭이다. 스펙 열풍이 기현상으로 연결되는 배경이다.

"엄마 나도 유학보내줘"

자녀 독립 전까지 투입되는 비용을 보자. 자녀 1인당 대학 졸업(22년)까지 총 3억 896만 원의 양육·교육비가 소요된다.* 재수나 휴학, 어학연수 등은 빠진 금액이다. 영아기(0~2세) 3,064만 원, 유아기(3~5세) 3,686만 원, 초등학교 7,596만 원을 비롯해 대학 졸업 때까지 매년 평균 1,400만~1,500만 원이 든다는 결론이다. 어지간한 중산층이 아닌 이상 부담스러울 수밖에 없는 금액이다. 꽤 벌었지만 노후자금조차 없는 집 한 채의 하우스푸어 부모가 넘쳐날 수밖에 없다.

자녀 출가 후 남는 건 '빈손'뿐이다. 아이를 키우느라 3억 남짓의 돈을 쓰고 난 후 빈곤 노인이 양산되는 구조다. 지금 2030세대는 이 학습효과를 옆에서 톡톡히 배운 첫 세대다. 출산 같은 밑지는 장사를 하지 않으려는 속내의 발현이다. 힘들게 키워놓은 아이가 어느 날 "엄마, 나도 유학보내줘"라고 말한다면? 등골이 서늘할 이야기이다.

향후 상황이 어려워질 것이라는 불길하지만 틀릴 것 같지 않은 예감도 2030세대의 출산 본능을 가로막는다. 자녀를 특별하게 키우려는 교육열이 2030세대조차 자유롭지 않을 것이란 판단 근거가 그렇다. 이들이 부모가 됐을 때에도 대학 졸업 · 사회 진출 · 결

● 〈전국 출산력 및 가족보건복지 실태조사〉, 한국보건사회연구원, 2013. 전국 1만 8,000가구를 대상으로 실시한 결과다. 2009년 및 2013년을 비교하면 부모의 양육 책임이 자녀 취업 때까지란 응답이 12.2퍼센트에서 15.7퍼센트로 늘어나 부모 책임이 늘어남과 동시에 월평균 자녀 양육비 부담도 100만 9,000원에서 118만 9,000원으로 증가했다.

:: **자녀 1인당 대학 졸업 때까지 양육비용**(재수 · 휴학 · 어학연수 제외)

0-2세(영아기)	3,064만 원
3~5세(유아기)	3,686만 원
6~11세(초등학교)	7,596만 원
12~14세(중학교)	4,122만 원
15~17세(고등학교)	4,719만 원
18~21세(대학교)	7,709만 원
계	3억 896만 원

*출처: 한국보건사회연구원, 2013.

혼 때까지 부모 지원이 당연시되는 관행은 지속될 것이란 판단이다. 본인 스스로도 결혼할 때까지 부모 책임을 더 바랐으니 피할 길이 없다. '결혼 지원까지 부모 책임'을 부모(14퍼센트)보다 자녀(21퍼센트)가 더 당연시했다(한국보건사회연구원, 2012). 겨우 대학 졸업까지 시켰는데 결혼 지원까지 부모 책임이라니. 이런 자녀 지원의 금전 부담을 피하자면 애를 낳지 않는 방법이 최선인 것이다.

직장인이 아이를 낳으면 안 되나요?

본능에 따라 자녀를 낳아도 비용 대비 더 벌면 출산은 여전히 유효하다. 즉 맞벌이로 기대 이상의 추가 소득을 안정적으로 거둘 수만 있다면 아이를 낳고 키우는 일은 나쁘지 않다.

그런데 이 전제는 사실 예전에 깨졌다. 임신·출산과 동시에 2030세대의 소득전선에 이상이 발생하기 때문이다. 일과 부딪힐 수밖에 없는 출산인 것이다. 자녀 출산을 계기로 더 벌기는커녕 해고 위험과 소득 감소가 더 심화되는 현실이다. '임신(출산)=퇴사'의 이미지다.

강산이 변했고 시대가 변했건만 여성의 평생 취업은 여전히 힘든 과제다. 남성 전업·여성 가사의 고용모델이 한국인 머릿속에 공고한 데다 감축성장의 고용 불안과 맞물린 남성 위주의 헤게모니가 여성 취업을 가로막기 때문이다.

물론 과거에도 여성 취업은 있었다. 다만 보조업무가 대부분이었다. 남성처럼 종합직(직책 부여)으로 출발해 오랜 기간 동안 입지를 굳히고 전문성을 기르는 트랙은 아니었다. 복사나 음료 접대 등 신부 수업을 하는 과정으로 여기는 분위기였다. 꽃일지언정 열매를 맺을 수 없는 유무형의 성차별적 한계였다. 때문에 '결혼=퇴사'가 당연시됐다.

다만 지금은 아니다. 앞서 살펴봤듯 맞벌이가 기본인 시대다. 남성(가장)에 종속되는 가정주부이자 현모양처를 원한다면 설 땅이 없는 시대다. 고도성장·남녀평등을 계기로 빼어난 고학력을 자랑하며 경쟁력을 두루 갖춘 여성 인력이 셀 수 없이 많다. 이들은 자아실현은 물론 제조업에서 서비스업으로 변하는 구조 전환과 맞물려 소중한 인적 자원으로 급부상했다. 개인적으로는 힘들어진 호구지책의 파고를 넘고자 평생 직장의 필요가 급증했다. 단순히 여성이라는 이유만으로 차별을 받아서는 곤란해졌다. 이때 과거의 퇴사 관행과 현재의 취업 필요는 격렬하게 부딪힌다.

회사의 심정은 이해 못할 바가 아니다. 무한경쟁·적자생존으로 대변되는 경쟁 속에 기업은 극한 상황에 내몰렸다. 만만찮은 상황이다. 때문에 적재적소의 인재 배치와 투입 대비 산출효과의 극대화를 위한 인력 활용은 절체절명의 과제로 떠올랐다. 한마디로 '회사인간'이 필요하다. 회사인간에게 하루 24시간, 1년 365일은 전적으로 회사를 위해 존재한다. '일 권하는 사회'의 확산이다. 당연히 '회사 우선=가정 희생'이다. 이들에게 가정은 우선순위에서 밀릴 수밖에 없다. 가사와 양육은 회사에게 아무런 해당사항이 없다.

그런데 여성 직원은 여기에 상충된다. 회사는 오직 실적만을 위해 내달리는 충실한 직원을 원하는데 여성 직원은 그럴 수가 없다. 실제로 분유와 우유 등을 생산하는 국내 한 기업은 여성 직원이 결혼하면 퇴사할 것을 종용하고 임금을 삭감했다며 시민단체로부터 고발당하기도 했다. 출산휴가가 보장되지 않았고 임금 삭감 등으로 임신을 미루거나 퇴사할 수밖에 없었다는 것이다. 그러나 이는 겉으로 드러난 모습일 뿐이지 실제 이런 회사가 적지 않을 것이란 판단이다.

사회적으로 중요한 이슈인 출산과 양육을 사실상 여성만 책임지는 고유의 태생 임무를 부여받은 결과다. 회사만 생각하고 내달리기엔 적잖은 한계를 지녔다. 야근·출장은 물론 출산·양육에 따른 휴가·휴직의 업무 단절이 걱정스럽다. 그러니 회사로선 여성 직원을 뽑을 동기가 약해진다. 대기업·정규직처럼 법적인 보호망을 갖추지 못한다면 여전히 여성 직원 중 상당수는 상시적 고용 불안의 주변부 일자리에 만족할 수밖에 없다. 결국 고학력 여성들이 선택하는 일은 공부방이나 마트 직원, 보험설계사가 되는 것이 현실이다.

낙타의 눈물, 비극적인 모성애

'낙타의 눈물'이라는 미국 다큐멘터리 영화가 있다. 사막에서는 어미 낙타가 새끼를 낳고도 젖을 물리지 않거나 발로 차서 죽게 만드는 경우가 발생한다. 평생 무거운 짐을 짊어지고 생존이 불가능한 사막을 걷는, 낙타가 겪어야 하는 천형 같은 운명을 세습하지 않도록 새끼를 죽이는 일이 벌어지는 것이다. 극한의 환경에 적응하는 비극적인 형태의 모성애다.

그래서 영화에서는 새끼를 살리기 위해 유목민 가족이 마두금이라는 악기로 구슬픈 음악을 연주해 모성애를 자극하고 어미는 그제야 눈물을 흘리며 새끼에게 젖을 물린다. 자신에게 주어진 짐이 버겁고 기쁨이 느껴지지 않을수록 이를 후세에 물려주지 않으려는 현재 여성의 모습이 오버랩된다.

사막 같은 환경을 사는 이케아 세대에겐 지금 짐을 덜어주려는 노력도 마두금 연주도 없다. 결국 사막의 낙타처럼 비극적인 모성애, 즉 출산을 포기하는 현상이 나타나고 있다.

실제로 아이를 낳고 싶어도 아이에게 지독한 사교육에 사막같이 극심한 경쟁사회를 살게 하기엔 못할 짓을 하는 것 같아 낳지 않는다는 주변의 얘기도 들린다. 아이를 낳더라도 생존할 수 있는 경제적 환경이 지원되지 않아 지레 겁먹고 출산을 포기하는 경우도 많다. 걸어야 할 사막은 넓어지고 짐도 무거워지는데 새끼를 낳으라고 재촉하면서 아이에게 젖줄 시간도 주지 않는 것이 한국의 현실이다.

실제 임신 이후 복지 혜택 없이 퇴사한 경우가 42퍼센트에 달한다(임산부닷컴, 2010). 정부의 출산력을 높이는 정책 세트가 먹혀들지 않는다는 반증이다. 엉뚱한 부서로 발령되거나 직급 강등으로 퇴사를 유도하는 건 그래도 낫다. 퇴사 압박을 견뎌내면 남는 건 살인적인 업무 강요와 심리적 스트레스다.

출산·육아 휴직을 다녀온 후 퇴사를 종용하는 경우도 적잖은 게 현실이다. 사정이 그러니 대부분은 말도 못 꺼낸 채 눈칫밥을 먹으며 하루하루를 버텨낼 뿐이다. 대기업·정규직은 그래도 낫지만 중소기업·비정규직 여성은 임신 확인이 해고 통보와 마찬가지다.

그러나 이러한 기업의 판단은 어리석다. 여성 근로자를 차별하고 배척해서는 얻는 것보다 잃는 게 더 많아졌다는 연구결과가 많다.● 요컨대 일과 가정의 양립 조화Work Life Balance를 채택·추진하는 기업의 업무 성과와 대외 실적이 훨씬 양호하다는 것이다. 가정사를 챙겨줄 때 업무 몰입도가 높다는 의미다. 출산·육아를 위한 각종 정책을 여성 직원뿐 아니라 남직원에게도 그 적용 범위를 확대·적용시킴으로써 개인적으로는 삶의 가치를 실현하고, 회사로서는 실적 향상을 도모하며, 사회적으로는 출산 제고의 기반 개선을 통해 그 지속 가능성을 높일 수 있기 때문이다.

무엇보다 회사인간의 존재 이유가 옅어졌다. 충성해도 잘릴 수 있는 등 고용 환경이 불안해졌다. 특히 의식이 꽤 변했다. 회사인간만으로 사는 데 대해 반발하는 등의 의식 전환이 목격된다. 삶의 우

● 이와 관련해서는 필자의 졸저인 《그때는 왜 지금보다 행복했을까-복지대국을 위한 20가지 힌트 기업복지론》(맛있는책, 2012)의 일람을 권한다.

선순위에 직장 대신 개인과 가정이 중시되고 있다. 회사인간으로 한평생 살았건만 은퇴 이후 그들에게 남겨진 건 달랑 몸 하나라는 선배 세대들의 교훈도 한몫했다. 직장·가정 모두에서의 소외다. 일보다는 가정을 중시하려는 서구 사회의 경험도 회사인간의 인기가 시들해지는 이유다. 특히 젊은 층을 중심으로 일과 가정의 균형을 회복하려는 노력이 활발하다.

과거와 달리 애 낳는 게 죄가 돼버린 시대다. 불안정한 고용 사정이 자녀 출산을 힘겹게 만들어버렸다. 결혼은 해도 출산은 신중해질 수밖에 없는 기본 이유다. 그래선 곤란하다. 개인의 선택에 따른 출산 포기라면 몰라도 사회 구조의 압박·강제 탓이라면 고쳐야 하는 게 옳다. 출산이 지체되면 늙는 속도는 한층 빨라진다. 분모가 취약한 사회는 얼마 안 돼 무너질 수밖에 없다. 아이의 울음소리가 끊겨선 곤란한 이유다.

이케아 세대의
역습이 시작됐다

"붐벼도 웬만하면 양끝 우대석 쪽엔 안 갑니다."

언제부터인가 지하철 우대석 주변은 일촉즉발의 공간이 돼버렸다. 보이지 않는 기氣싸움은 정차 때마다 연출된다. 때론 언쟁을 넘어 몸싸움까지 펼쳐진다. "경로우대가 땅에 떨어졌다"고 한숨 쉬는 고령 세대와 "공짜로 타면서 양심도 없다"는 청년 세대의 불만이 곧잘 부딪힌다. 승부(?)는 볼 것도 없다. 대부분 앉는 이들은 정해졌고 젊은이는 불편한 자리를 피한다.

첨예한 공간은 지하철 우대석만이 아니다. 찾아보면 많은 곳에서 의견이 대립되는 갈등 현장을 발견할 수 있다. 대부분 과거엔 찾아보기 힘든 모습이다. 대결의 주역은 노인과 청년이다. 가운데 끼인 50대 중장년은 열에 아홉 노인을 지지한다. 유교문화가 건재한 동방예의지국의 숙명(?)이다. 일부는 버르장머리 없는 젊은 것들과 다르다는 자기 합리화 차원에서 몰표를 던진다. 혹은 본인도 곧 노인의 길을 뒤따라갈 터이니 동병상련의 발로일 수도 있다.

어쨌든 청년은 외톨이 약자 신세다. 물론 편향적이며 공생을 포기하는 이기적인 청년도 있다. 이들에 대한 지적과 비난은 당연하다. 그러나 싸잡아 청년집단 전체를 매도하면 얘기가 달라진다. 이케아 세대가 생존 카드로 선택한 연애 · 결혼 · 출산의 포기 전략에 대한 맹비난이 대표적이다.

젊은 애들이 힘들다는 소리만 하고 사회 구성원으로서의 책임과 역할을 방기한다며 청년그룹을 질타하는 기성세대의 인식은 적어도 젊은 세대들에겐 공감을 얻지 못한다. 행복을 보장하는 길에 가시밭도 모자라 바리케이드까지 쳐놓은 채 성공을 채근하는 기성 제도와 기득권 세력의 자기반성 없이 이를 넘지 못해 고민하고 아파하는 후속 세대를 폄하해선 곤란하다.

2012년 대선은 그 불꽃 튀기는 세대전쟁의 축소판과 다름없었다. 노인(중 · 고령 세대) · 여당 · 보수의 기득권 세력에 맞선 청년 · 야당 · 진보의 대결 프레임이 그 어느 선거 때보다 치열하게 부딪혔다. 기초연금과 무임승차(지하철) 이슈가 뜨겁게 달궈진 속사정을 보면 대선 공약의 현실성이나 미래 지향적인 발전 가능성보다 현재의 세대 대결적인 갈등만이 부각됐을 뿐이다. 내용(미래) 없는 선거였다는 혹평이 따르는 이유다.

특히 은퇴 예비군으로 불리는 50대의 여당 몰표는 청년 세대에 적잖은 충격을 안겼다. 배신감과 박탈감을 제대로 안겨줬다. 청년으로서는 50대까지 잠재적인 대결 세력으로, 극복해야 할 대상이라는 새로운 숙제를 부여받았다. 우군을 더 확보해도 힘든 마당에 자칫 전선 확대의 우려에 직면한 것이다. 이래저래 설 땅은 좁아들 수밖에 없는 현실이다.

패자의 생존법

이케아 세대는 우선 작은 반발을 결심했다. 지하철 우대석의 휑한 풍경처럼 노인집단을 멀리 하기 시작했다. 그들과는 말 섞을 의지조차 없다. 속내로는 뭔가 부글부글 끓지만 부딪혀봐야 얻을 게 없으니 묵비권 행사처럼 무표정, 묵묵부답으로 일관한다.

재원문제 탓에 핫이슈로 부각된 기초연금도 인터넷에선 분노를 내뱉지만 현실 공간에선 "그래서 어쩌라고"란 입장이다. 포기다. 참여하고 주장한들 먹혀들지 않는다는 선행학습의 교훈일 뿐이다. 장수국가 · 노인사회를 살아가는 판에 메인스트림이 아닌 주변 인생은 소수파로 남는 게 좋다는 경험법칙이다. 대의명분은 잊은 지 오래고 스스로 통제할 수 있는 본인의 일에만 집중할 뿐이다.

노인 세대 등 기득권 세력은 승기를 잡았다. 하룻강아지 범 무서울 줄 모른다고 오냐오냐했던 후속 세대의 오만불손을 선거로 단번에 심판했다. 다수결의 딜레마니 민주주의의 역설이니 하며 억울해 해도 어쩔 수 없다. 제도 자체가 위법이 아닌 까닭이다.

어쨌든 기득권 세력은 정권을 장악했고, 자원 배분의 우선권을 받아냈다. 승자는 안도하고 패자는 물러날 뿐이다. 당분간 청년 세대는 있으나 없으나 별 상관없는 투명인간으로 살아가는 것이 불가피해졌다. 이전 세대가 기획해놓은 제도 시스템의 우산 아래에서 겨우겨우 살아갈 수밖에 없다.

다만 이는 지극히 소심하고 소극적인 반발일 뿐이다. 선거라는 이벤트가 세대 갈등이 직접적으로 드러나는 현장이다보니 꽤 긴박하고 중차대한 대결 구도임과 동시에 이에 반발하는 청년 세대의 저항 패턴도 감정적이고 치기 어린 울분으로 보일 수 있다. 그러나 현실은 심각하다. 수면 밑에선 훨씬 강력하고 파워풀한 청년 복수가 시나브로 펼쳐지고 있기 때문이다.

윗세대와 이어달리기를 거부하다

빙산 아래의 거대한 청년 복수는 이미 시작됐다. 이들이 기존 사회에 복수할 수 있는 방법은 많다. 화염병을 들거나 할퀴고 때려야 상처를 주는 건 아니다. '눈에는 눈, 이에는 이' 식의 복수도 아니 한만 못하다. 훨씬 거대하고 강력한 복수는 탈무드에 나오는 말처럼 "지금 이 순간 잘 사는 것"이다.

이들은 기존 사회의 요구와 인간의 본능, 국가의 경제성장에 맞춘 제도적 라이프스타일 대신 철저히 그들의 상황과 눈높이에 맞춘 생존 기술을 만들었다. 그리고 많은 젊은이들이 이를 선택하고 있다. 이렇게 탄생한 생존법은 결과적으로 과거와의 단절을 야기하고, 기성세대가 짜 맞춘 노인 수혜적인 부양 구조와 충돌하게 되며 그 후폭풍은 느리지만 충격적인 복수로 나타날 수밖에 없다.

그 구체적인 행동은 선배 세대가 건네줄 바통을 거부하는 데서 시작된다. 선배 세대들이 잘 달려온 이어달리기 시합에서 아예 경기를 포기하고 다들 장외로 흩어지는 것이다. 어차피 바통을 넘겨받아 달려본들 고학력·저임금의 불협화음을 벗어날 수 없는 데다 나날이 경제적 압박이 거세질 것이 뻔하니 그냥 주저앉아버리는 게 낫다는 심정이다.

기성세대가 누린 행복 컨베이어벨트 시스템에서 이탈한 이상

달려본들 골인 지점에서 누릴 영광은 없다. 힘들게 뛰어도 다음 바통을 받을 세대도 없고 도착한 후에도 목을 축일 음료수도 허기를 채울 음식도 남은 게 없다. 사회 데뷔와 함께 시작되는 '취업 → 연애 → 결혼 → 출산 → 양육'의 가족 구성을 거부하고 포기하는 게 현명하다. 혼자도 힘든 판에 먹여 살릴 부양 의무는 애초부터 지지 않는 게 속편해서다. 그까짓 짝을 찾는 본능 따위야 눈앞의 호구지책에 얼마든 버리겠다는 비장함마저 느껴진다.

한 사례를 보자. 이 책에서 말하는 이케아 세대 남성의 인터뷰다. 이들 세대가 공유하는 속내다.

"맘에 맞는 짝이 생기면 결혼도 가능하겠지만 지금으로선 글쎄요. 크게 노력은 안 해요. 하나 안 하나 별 상관이 없을 것 같거든요. 그냥 간단하고 속편하게 사는 게 좋죠. 아이요? 지금 제 처지에? ……. 혼자도 겨우 사는데 이 힘든 세상에 애 낳아봐야 저나 그 친구나 스트레스만 받지 않겠어요

양현수(가명, 남, 35세)의 말이다. 그는 나의 제자다. 20대 후반 졸업했지만 지금도 1년에 한두 번은 꼭 얼굴을 본다. 참 건강하고 멋진 친구다. 그런데 아직 혼자다. 몇 번 연애한 것 같은데 실패한 듯하다. 짝 찾기를 멈춘 것 같진 않은데 그리 적극적이진 않다. 겉과

속은 멀쩡하다(?). 중견기업 과장으로 회사에서도 잘나가는 듯 보인다. 큰돈은 아니지만 월급만으로 독립생활 중이다. 부모에게 용돈도 보낸다. 적지만 저축 · 투자까지 빠트리지 않는다.

특이한 건 싱글 예찬이다. 도통 결혼할 생각이 없는 것처럼 지나친 싱글 예찬을 펼친다. 연애야 해도 "힘들게 맞춰서 사는 것보다 편한 혼자가 낫다"는 얘기다.

다만 진심은 아니었다. 술자리가 깊어가자 "하고 싶지만 할 수 없는 세상에 대한 원망"이 안줏거리다. 부모님을 포함한 "안 한다"는 외부 시선이 아니라 "못 한다"는 신세 한탄이 정확한 결혼 포기의 진실인 셈이다. 하고 싶어도 못하는 현실 압박의 무게였다. 하물며 출산은 불문가지다. 자녀 부양에 뒤따르는 살인적인 경제적 부담이 한국 청년에게서 결혼과 출산을 뺏어버렸다는 게 그들 세대가 공유하는 인식이다.

양현수는 돋보이진 않아도 모자랄 것도 없는 친구다. 무난하고 평범한 한국의 표준 청년이다. 이런 그가 "애를 낳아봐야 어른이 된다"는 과거의 고정관념과 기성모델을 거부하고 있다. 부모와 선배가 살아온, 인간 1인분의 표준적인 라이프스타일에서 비켜선 채 새로운 길을 모색 중이다. 그만이 아니다. 양현수처럼 기성세대가 걸어온 연애 · 결혼 · 출산의 전통적 경로에서 벗어나려는 또 다른 양현수는 지금 우리 곁에 수두룩하다.

이케아 세대의 합리적 선택이 가져올 비극

이런 이케아 세대를 바라보는 부모 · 선배 집단의 시선은 차갑고 싸늘하다. 힘들고 어렵다고 종족 번식의 본능조차 거스른 임무 방기에 혀끝을 찬다. "못난 놈!" 한마디에 많은 걸 담아 내려다본다. 부모와 친척은 억장이 무너진다. 달래고 으르다 지쳐 물러나기 일쑤다. 결혼이 늦어질수록 주변의 눈치까지 보이고 부모로서의 자격이 부족함을 되뇌며 옹송그려진다. '못난 부모'로 인식되는 것이다. 자식 이기는 부모 없다는 속담 하나에 자위하며 하루하루 주름만 깊어진다.

그렇다고 바뀔 이케아 세대는 아니다. 정확하게는 바뀌기 어렵다. 입장 선회를 할 거라면 일찌감치 돌아서도 돌아섰다. 35세를 넘어갈수록 더더욱 그렇다. 하지 않는 자발적인 포기가 아니라 할 수 없는 강제적인 압박이 원인인 까닭이다.

결혼하고 출산하기 좋은, 획기적인 상황 변화가 없는 한 이케아 세대가 고민(?) 끝에 선택한 그들만의 생존 카드는 논리적으로 충분히 합당하다. 단순히 짝이 없어서가 아닌, 짝을 맺기 힘들게 하는 수면 밑의 각종 부담은 그만큼 위협적이기 때문이다. 따라서 결혼하라, 출산하라는 외부의 잔소리는 있는 사람들의 철없는 채근이나 다름이 없다.

이케아 세대의 표준적인 라이프스타일로부터의 일탈·포기와 그들이 선택한 자발적인 독신 카드의 생존모델은 자체적으로는 옳다. 다만 그 후폭풍은 놀랍도록 무섭고 강력하다. 이들의 독신모델은 시대 논리에서 배척된 망가진 하류인생의 선택이 아니다. 무능한 표류인생의 모습은 더욱 아니다. 곰곰이 뜯어보면 만혼晩婚·비혼非婚과 동반되는 독신 인생과 결혼 이후 무자녀의 커플은 꽤 광범위한 지지를 받는 사회적 대세가 됐으며, 그들로서는 불가피한 선택에 가깝다. 좌절과 포기라는 단어만 동원해 이들을 혹평하는 기성세대의 가치관으로는 이해가 어려운 현상이다.

사회적으로 이케아 세대가 선택한 카드는 개인의 영역을 넘어서는 영향력을 갖는다. 결혼과 출산 포기가 개인의 문제를 넘어서는 사회·국가·경제 영역의 퇴화로 연결되기 때문이다. 요컨대 개인으로서는 충분히 합리적인 선택이 사회 전체엔 오히려 생활의 질이 떨어지고 비용만 더 발생하는 악순환을 야기하는 대표적인 가치 충돌의 문제로 번진다. 즉 이케아 세대 개인으로서는 인생 득실을 따진 비용 편익의 분석 결과가 결혼·출산의 지체·포기라는 카드로 연결됐지만 이는 길게 보면 사회의 지속 가능성을 훼손하는 중차대한 부작용을 낳는다.

이케아 세대가 선택한 그들만의 라이프스타일은 반발도 저항도 아닌 복수에 가깝다. 기성세대가 만들어놓은 피해와 박탈, 양보를 강요당하는 시스템에 맞선 집단적인 청년 역습이다. 기획된 불안정을 후세대에 강요하는 교묘한 착취 논리 속에서 가진 것 없는 청춘 세대가 버티고 살아내자면 맺지 않고(연애·결혼 포기) 낳지 않는(출산 포기) 삶을 선택할 수밖에 없다. 그리고 그 끝은 지속 가능성이 사라진 사회의 연쇄적인 붕괴다.

힘들다 소리조차 내지 않는다

연애, 결혼, 출산을 포기한 이른바 '삼포세대'는 이런 점에서 청춘 복수의 또 다른 상징이다. 물론 이케아 세대와는 다소 차이가 있다. 빈곤·무능의 대명사로 포장돼 불필요한 잉여 집단의 부정적 이미지가 짙다는 점이 저소득에도 불구하고 고학력·고문화 지향성의 자발적(?)인 인생모델을 갖춘 이케아 세대와는 구분된다.

그렇다고 기성세대에게 투명인간처럼 대접받는 건 다르지 않다. 많이 배웠고 세련된 문화를 알며 삶을 즐기고 싶은 건 같지만 기성세대·사회 구조의 틀로 보면 값싸고 버리기 좋은 조건인 건 매한가지다.

청년 복수가 매섭고 놀라운 것은 그것이 선전포고 없이 진행된다는 점이다. 기성세대를 향한 그들의 저항은 소리 없이 무섭게 확대되고 있다. 대놓고 주장하고 요구하면 그나마 그들의 목소리가 반향을 불러올 여지가 있지만 이들은 철저히 입을 앙다문 묵음 모드다. 기성세대로선 인식하기 어려울 뿐 아니라 알아도 시시콜콜한 불만으로 보일 수밖에 없다.

청년 복수의 부작용은 가시적인 위험 수위에 임박해서야 비로소 사회 전체가 알아차리게 된다는 것이다. 개인의 작은 문제로 치부하며 덮고 대충 수습하며 무시하는 동안 수면 아래서 급속도로 진행된 청년 복수가 회복 불능의 상황까지 내몰고 나면 때는 너무 늦다.

곪아터진 후 다독이고 당근을 줘봐야 무의미하다. 다시 정상으로 되돌리는 데는 훨씬 많은 시간과 노력이 필요하며 그마저 성공할지는 미지수다. 지속 가능한 사회 발전을 위해선 현미경과 함께 망원경까지가 필요한 근원적인 배경이다.

2장

경제는 숫자로 말한다

누가 뭐라 한들 인구 감소는 결코 사회·경제에 아무런 도움이 될 수 없다. 다른 변수와 맞물려 일시적 호재가 될 수는 있으나 길게 보면 사회 유지의 근간을 뒤흔드는 대형 함정인 까닭이다. "과거에 출산 감소 문제를 방치한 나라 중 부흥한 예가 없다"는 시오노 나나미의 경고는 '로마 멸망=인구 감소'의 우려에 다시 한 번 힘을 실어주는 경고나 마찬가지다.

로마는 하루아침에
무너지지 않았다

"Rome was not built in a day."

로마는 하루아침에 이뤄지지 않았다. 인류 역사상 최초의 거대 제국으로 평가되는 로마도 건국 과정에서 숱한 난관을 헤치며 제국을 일궈냈다는 뜻이다. 다만 아이로니컬하게 이런 로마도 하루아침에 무너지지 않았다. 오랜 시간 조금씩 제국 붕괴의 단초가 쌓인 것이다. 거론조차 힘든 수많은 멸망 징조가 있었던 만큼 이를 막을 기회도 여러 번 주어졌지만 결국엔 망했다. 요컨대 로마 멸망은 사실상 예견된 것이나 다름없었다.

유력한 멸망 근거 중 하나는 경제침체다. 반복된 영토 팽창으로 확보된 노예 인구의 대량 공급이 사실상 제로에 가까운 저비용으로 단위노동당 생산성을 극대화할 수 있었는데, 이 구조가 막혀버려 종국엔 불황에 직면한 게 주효했다. 한편에선 재정 곳간이 바닥난 것도 문제였다. 대형 제국의 지배자답게 엄청난 복지수혜를 선점·독점한 로마시민의 부양 부담 탓이었다. 우리가 익히 알고 있는 퇴폐적인 로마문화는 그 산물이다.

즉 전성기 때 구축된 '영토팽창 → 노예공급 → 경제성장 → 복지강화'의 운영논리에 균열이 생기면서 작동정지에 직면한 게 로마 멸망의 주요 근거 중 하나다.

이때 주목해야 할 건 인구 감소다. 《로마인 이야기》의 시오노 나나미鹽野七生나 《로마제국 쇠망사》의 에드워드 기번Edward Gibbon이 공통적으로 지적하는 것이 인구 감소다. 출산 감소로 현역인구가 줄어들면서 국가 경제의 기둥이 흔들리기 시작한 것이 로마 멸망의 직접적인 원인이란 지적이다. 로마제국의 인구 감소는 두 갈래로 진행됐다. 우선 제국 확장이 중단되면서 경제발전의 원동력으로 기능했던 노예 공급의 하락과 축소다. 이는 생산가능인구의 감소와 동시에 복지재원의 지출 구조에 문제가 발생함을 의미한다. 한편에선 이들 유입민족의 장기적인 증가 추세가 군대를 필두로 사회 내분을 야기했다.

또 다른 인구 감소는 로마 본국의 지배그룹에서 광범위하게 퍼진 출산 기피 풍조다. 당시 로마에는 자식을 적게 낳거나 낳지 않으려는, 요컨대 '저출산 신드롬'이 만연했다. 로마제국의 정통성에 부합하는 핵심 인재의 공급 저하는 심각한 갈등을 낳는 불씨가 됐다.

인구의 힘

애초 로마제국은 인구대국이었다. 로마 제국이 최대 영토를 확보하던 시기의 총 인구는 4,500만 명에서 1억 2,000만 명까지 추정된다.[*] 에드워드 기번이 "제국의 위력은 인구에 있다"고 평가할 수밖에 없는 거대한 힘이었다. 당시 서민아파트(집합주택) 앞은 업무시간인 오전 11시만 되면 쏟아져 나오는 시민들로 거리가 가득했던 것으로 알려졌다.[**]

이유는 간단하다. 출산 장려 정책의 힘이다. 심지어 인구가 늘어나는 시절조차 출산 장려에 적극적인 자세를 취했다. '출산 저하＝국력감소'를 우려한 조치다. 때문에 로마제국 최초의 황제인 아우구스투스는 미혼 여성에게 독신세까지 매겼다. 공직에 발탁할 때는

---

[*] 위키백과사전.

[**] 〈조선일보〉, '로마인도 저출산 고민했다', 특파원 칼럼, 최흡, 2005. 2. 21. 자세한 내용은 다음의 사이트를 참조할 것. | 출처: http://www.chosun.com/editorials/news/200502/200502210332.html (검색일: 2013.11.8)

능력이 동일할 경우 다자녀 가장에게 우선적으로 등용 기회를 제
공했다. 아기 우는 소리가 떠나지 않는 강력한 유인제도의 구축인
셈이다. 덕분에 제국의 역사는 계속될 수 있었다.

여기까지는 전형적인 인구보너스의 힘이다. 로마는 이를 제국
확장의 기본토대로 활용하며 인구대국의 저력을 제대로 보여줬다.
다 그렇듯 일정 궤도에 오르면 이를 계속해 유지한다는 건 여러모
로 힘들 수밖에 없다. 로마제국도 그 한계에 섰다.

그런데 제국이 쇠락하는 시점과 인구 감소가 정확하게 일치한
다는 점에 주목할 필요가 있다. 즉 멸망 시절엔 로마의 인구가 전
성기 때와 비교해 그 절반 이하인 5,000만 명으로 줄었다. 고도로
성장할 수 있었던 원동력인 공격적인 제국 확장이 멈추고 추가적
인 혜택이 없는 평화시절이 도래하자 출산 감소는 급격히 확대되
기 시작했다.

로마제국의 멸망 원인으로 납 중독설을 발표해 화제를 모은 역
사학자인 콜럼 길필란Colum Gilfillan*의 자료는 더 구체적이다. 그에
따르면 로마제국이었던 트로이(그리스)의 19세 이상 청년 101명
중 기혼자는 35명에 불과했다. 그중 자녀를 가진 경우는 절반인 17
명뿐이었다. 설상가상인 건 17명 중 10명은 그나마 자녀가 1명이

---

* 《세계사 칵테일》, 역사의 수수께끼 연구회 지음, 홍성민 옮김, 웅진윙스, 2007.

었다. 비록 로마 본토가 아닌 점령지역 인구 감소 통계지만 이를 통해 로마제국 전역의 사정을 미루어 짐작할 수 있다. 특히 귀족집단을 비롯한 중산층 이상의 인구에게서 출산 기피 트렌드가 심했던 걸로 알려졌다. 그 와중에 전염병이 돌고 외부 침입까지 발생하면서 로마제국은 몰락의 길을 걷기 시작했다.

막차를 놓치기 전에

때를 놓치면 이렇게 될 수밖에 없다. 그렇게 잘나가던 로마제국이 무너진 데는 그럴 만한 이유가 충분했다. 국가 유지의 결정적인 변수인 인구 감소를 방치한 결과는 혹독했다. 누가 뭐라 한들 인구 감소는 결코 사회·경제에 아무런 도움이 될 수 없다. 다른 변수와 맞물려 일시적 호재가 될 수는 있으나 길게 보면 사회 유지의 근간을 뒤흔드는 대형 함정인 까닭이다. "과거에 출산 감소 문제를 방치한 나라 중 부흥한 예가 없다"는 시오노 나나미의 경고는 '로마멸망=인구 감소'의 우려에 다시 한 번 힘을 실어주는 경고나 마찬가지다.

일본은 출산율을 높이기 위해 오랫동안 노력해왔다. '고령화'를 심각한 정책 이슈로 받아들이기 시작한 게 1970년대이니 그 해결 방법인 출산율 끌어올리기 정책도 벌써 40년을 넘겼다. 그런데도 중간에 추진동력을 잃고 헤매거나 혹은 우선순위에서 미룸으로써 출산정책은 이렇다 할 성과를 내지 못했다. 과거의 지지부진한 정책은 결국 세계 최고의 늙어버린 국가라는 타이틀로 되돌아왔다.

세상만사 타이밍이 중요하다. 제아무리 탁월한 정책인들 타이밍이 어긋나면 효과는 없다. 시기를 놓친 이후 펼쳐질 일들은 상상을 초월하는 비용과 노력을 요구한다. 그럼에도 되돌린다는 확신조차 없다. 눈치를 챘을 때 선제적인 대응 자세가 필요한 이유다.

인구 감소는 다각적으로 진행된다. 출산 저하가 그 직접적인 원인이다. 낳지 않으니 줄어들 수밖에 없는 구조다. 그런데 고령화는 인구 감소를 일정 부분 지체시킨다. 수명연장에 따라 사망비율이 줄어들면 인구는 어느 정도 유지된다. 그런데도 인구 감소가 확연해질 수밖에 없다는 우려는 생명 연장이라는 축복을 훼손하고도 남을 정도로 출산 감소가 한층 심화됐다는 증거다. 즉 어지간한 출산 장려 정책으로는 인구 감소를 막을 수 없다는 얘기다.

일찌감치 준비한 일본도 실은 타이밍조차 놓친 것 아닌가 싶은데 엎친 데 덮친 격으로 더 강력한 정책 실천이 요구된다는 점에서 한국의 앞날은 결코 순탄치 않다. 이대로라면 연애·결혼·출산의 거부 의지를 천명한 이케아 세대를 설득할 아무런 장치가 없다. 아쉽게도 인구 감소의 인식 부족과 정책 부재가 만시지탄晩時之歎에 그칠 일이 아니기에 더욱 문제다. 로마의 멸망처럼 국가의 지속가능성을 쥐락펴락할 대형 문제다.

문제 해결은 고사하고 인구 감소의 염려와 불안을 한층 부채질하는 사회구조적인 프레임도 지적하지 않을 수 없다. 이케아 세대에게 강요된 기성세대의 약탈적인 착취구조가 사회 전반에 포진한채 청춘그룹의 목줄을 옥죄고 있기 때문이다. 오히려 문제 해결의타이밍을 놓치도록 기성세대·시장 탐욕의 온갖 장벽이 설치됐다해도 과언이 아니다. 가뜩이나 힘겨워하는 청년을 상대로 한 비즈니스가 그렇다.

과장하면 착취산업에 가깝다. 이미 청년그룹의 불행을 먹고사는시장이 형성됐다. 사교육은 물론이거니와 스펙과 외모를 강요하는취업시장이 대표적이다. 스펙을 쌓지 않으면 루저가 될 수밖에 없으니 부모 등골조차 뽑아 갖고 오라는 형태의 시장논리는 이미 충분히 논쟁적이다. 아프니까 어루만져만 주겠다는 대안 없는 힐링Healing산업도, 지금 힘들어도 꿈을 좇으며 열정적으로 도전하라는식의 희망Hope산업도 일정 부분 그 혐의를 벗어날 수 없다.

극한 경쟁사회가 최고의 피임약

뿐만 아니다. 기득권 세력이 청년그룹을 절벽으로 모는 관행은 시나브로 한국사회에 깊숙이 정착했다. 인구 감소를 막자면 이케아 세대를 필두로 한 현역세대가 맘 편하게 아이를 가질 수 있도록 가능한 한 모든 자원을 총동원해서 밀어줘도 될까 말까인데 오히려 기성제도는 이를 역행하는 정교한 시스템을 곳곳에 설치해뒀다. 어떻게 해서든 내 밥그릇은 보전해야겠다는 생각에 나온 잔인한 바리케이드다. 암울해질 수밖에 없는 미래가 그들의 노후를 괴롭힐 자승자박自繩自縛의 부메랑임을 눈치 채지 못한 결과다.

미래세대가 희망을 잃으면 공멸은 불가피하다. 경쟁적 자본주의가 최고의 피임약이란 말처럼 청년세대의 혼돈과 불안이 야기한 미래의 비관론이야말로 출산 기피의 최대 원인이다.

당장 노동 시스템이 그렇다. 청년세대에겐 희망이 없다. 적자생존과 승자독식의 편향적인 자본주의가 활개를 치면서 갈수록 정년 보장이 희박해졌다지만 그래도 지금의 기성세대는 비교적 장기적이고 안정적인 일자리를 확보했다. 한 번 입사하면 연공서열에 준하는 호봉제를 적용받으며 구조조정의 칼날만 피하면 장기근속이 불가능하지는 않다(물론 비정규직은 연령을 불문하고 힘들다).

반면 이케아 세대는 대부분이 연봉계약제다. 완벽한 미국모델과 달리 한국식의 기이한 변형계약제인 데다 그 단어 자체가 주는 함의는 크다. 여차하면 해고할 수 있는 제도적인 착취구조인 까닭이다.

인턴제도가 대표적이다. 고용권한을 가졌으니 맘에 드는 최소 인력만 가려 뽑겠다는 의도는 탈락자의 심정을 기본적으로 무시하는 처사다. 워낙 청년고용이 심각한 지경이니 일자리 나누기Work Sharing처럼 고용시간·임금총계를 나눠 추가적인 일자리를 마련하자는 아이디어만 해도 현실에선 비참할 정도로 청년 착취를 강요한다. 정작 4050세대의 간부직원은 해당되지 않고, 설사 동참한다 해도 무늬만 고통분담인 경우가 비일비재하다.

경제학자 우석훈은 저서 《혁명은 이렇게 조용히》에서 기성세대가 일자리 나누기에 동원한 착취공식을 소개한다. '(현재연봉-2,000만원)÷2=연봉삭감액'이다. 이는 신입사원부터 차장 정도까지 적용되는데 결국 허리 아래의 젊은 직장인이 그 피해를 고스란히 질 수밖에 없다. 결코 내려놓지 않는 기득권 세력의 탁월한 횡포가 아닐 수 없다.

압권은 국민연금이다. 뒤에서 자세히 소개하겠지만 사회부조인 공적연금은 기본적으로 세대부양의 대전제가 공유된다. 돈 버는 젊은 현역이 은퇴한 선배세대를 부양하는 구조다. 열심히 일하고 보험료를 내줄 후속세대가 연결되지 않으면 유지가 불가능한 시스템이다. 그런데 인구 감소로 피부양인구(고령화)는 늘어나는데 부양인구(저출산)는 감소가 불가피한 상황이다. 지금의 현역인구가 훗날 국민연금을 제대로 받을지 의심하는 이유가 여기에 있다.

이 와중에 기초연금처럼 추가적인 현역세대의 고통분담마저 요구하니 세대갈등이 불거질 수밖에 없다. 기본적으로 연금제도가 갖는 상생적인 정합성을 훼손하고 남을 정도의 그 착취 혐의는 과도하고 무겁다.

로마 멸망의 고루한 전철을 밟을 것인지, 또는 한강의 기적 재현으로 새로운 항로를 열 것인지 지금 한국은 갈림길에 섰다. 멸망을 경고하는 지적은 충분히 구체적이고 현실적이다. 그 균열현상은 이미 이케아 세대에게서 확인되고도 남는다. 자, 무엇을 할 것인가. 어떻게 할 것인가. 남은 건 고스란히 선택의 문제로 귀결된다.

나라 밖에서 한국을 평가한 몇몇 코멘트를 통해 청년세대의 증발이 어떤 결과를 가져올지 다시 한 번 확인해보자.

> "출생률이 오르지 않으면 2100년에는 한국 인구가 3분의 1 이하로 감소하고, 2200년에는 140만 명에 불과할 것입니다. 인구 감소는 한국인의 존재 자체를 위협하고 궁극적으로 지구상에서 소멸하는 결과를 초래할지도 모릅니다."[•]
>
> – 폴 휴이트, 미국고령화협회AGE 설립자

● '한국인이 사라진다?', 이봉구, 이봉구 칼럼 | 출처: 〈한국경제신문〉, 2009.7.15

설국열차

27년 후, 당신은 몇 살인가? 한 세대가 훌쩍 지난 2040년. 지하철 풍경을 상상해보자. 이제 한국은 완벽한 노인 천국이다. 먼저 승객들을 살펴보자. 두말할 필요 없이 늙은 승객이 압도적이다. 사실상 거의 모든 좌석을 노인이 점유한다. '더' 늙은 노인에게 '덜' 늙은 노인의 자리 양보가 강요(?)될 판이다(지금도 노약자석에서는 이런 현상이 나타난다). 정부 추계*대로 계산하면 2040년 100명 중 32명이

● '2013년 고령자통계', 기획재정부, 2013. 고령화율(65세 이상÷전체 인구)로 봤을 때 2040년 32.3퍼센트로 추계된다. 2011년 기준 11.8퍼센트로 그 비율이 12퍼센트일 때 규정되는 '고령사회'로 진입은 이미 이뤄졌다는 게 정설이다. 20퍼센트인 '초고령사회'는 10년 후면 도달할 전망이다. 적어도 늙어가는 속도만큼은 세계 1위라는 평가다.

65세 이상의 노인이다. 그런데 교통 약자인 노인 인구가 주로 지하철을 이용한다는 점에서 체감 비중은 훨씬 높아진다. 객차의 절반 이상이 65세 이상 '진짜' 노인으로 가득 찬다.

물론 이들의 승차권은 무료다. 정치판에서 30년 넘게 노인의 무임승차와 관련해 논의했지만 결과는 변하지 않는다. 무시할 수 없는 숫자가 된 노인을 적으로 돌릴 수 없다는 정치인들의 본능 때문이다.

적자는 젊은 세대의 요금 인상으로 벌충한다. 50퍼센트의 65세 미만 젊은(?) 승객들은 두 배 이상의 요금을 부담한다. 그런데도 자리가 나도 앉을 수 없고 늘 서서 가야 하는 지하철이다.

승객 구성이 변했으니 그에 맞게 객차 내 광고, 매점 물품, 기반 시설 등도 고령화 트렌드를 따라간다. 트렌드라고 신선한 게 아니다. 경제적 생기가 없어짐에 따라 공공시설도 사람들의 모습이 고스란히 투영된다. 어둡고 낡은 조명, 여기저기 깨져 있는 길과 쿰쿰한 실내 환경, 빈번한 사고, 고장난 개찰구, 누워 있는 취객. 계단을 없애고 에스컬레이터가 설치되고 엘리베이터 앞에는 노인들이 긴 줄을 서 있다. 상상이 잘 안 되는가? 그렇다면 평일 오후 4시에 지하철 1호선을 타보라. 그 모습이 한국의 미래다. 열차 안에는 백발 노인들로 가득하다. 다른 의미의 설국열차가 달리기 시작한 것이다.

쾌속으로 늙어가는 한국

2040년이면 이케아 세대는 62세 안팎이 된다. 지금 기준이면 현역에서 물러나 은퇴 생활에 들어가는 연령대다. 물론 그때는 달라진다. 은퇴는 없다. 가뜩이나 가진 것 없이 환갑을 맞았는데 장수에 대한 불안은 더 극심해지고 100세 인생이 상식이 된다.

굶어죽지 않으려면 일할 수밖에 없다. 일하자면 지하철을 탈 수밖에 없다. 당연히 서서 가는 게 속편하다. '더' 늙은 선배 노인들 때문이다. 젊은 시절 차곡차곡 낸 연금은 푼돈이나마 기대하기 어렵다. 그게 속편하다. 골칫덩이 재정 악화를 피하고자 국민연금 수급 개시를 더 늦출 테니 공식적인 정년은 늘어날 게 확실시된다. 오래 일하니 좋겠지만 현실은 냉엄하다. 월급은 절반 이하로 깎이고 그마저 비정규직 신세다.

심하게 말해 이케아 세대에게 한국사회는 마음을 써줄 여유가 전혀 없다. "지금은 나쁘지만 좀 참고 살면 좋아지겠지"라고 본다면 틀렸다. ±35세의 이케아 세대에게 펼쳐진 착취·약탈적인 사회 구조는 시간 경과와 무관하게 지속될 수밖에 없다. 기득권을 선점한 기성세대가 그들 몫을 내려놓지 않는 한 한정된 재원을 더 가져올 묘책은 찾기 힘들다. 늘 설국열차의 꼬리칸을 벗어날 수 없는 것이다.

그런데 2040년 모두가 늙었다. 고령화로 뚜렷한 소득 없이 유병기간이 늘어나는 75세 이상의 후기 고령자는 더더욱 한 푼이 아쉽다. 환갑을 갓 넘긴 지금의 이케아 세대는 늙었다는 이유만으로 동지가 될 수 없다. "아직 일할 수 있으니 더 벌어 우리를 모셔라"는 새로운 형태의 매혈賣血 시스템이 가동될 뿐이다.

연금개혁도 고부담 · 저급여 형태로 진행돼 지금의 이케아 세대는 더 내고 덜 받으며 수령기간마저 줄어들 확률이 높다. 푼돈연금이라는 말이 괜히 나오는 게 아니다. 이로써 '젊은 노인' 이케아 세대는 환갑을 넘겨서조차 하류 · 잉여 인생의 늪에서 아등바등하게 된다.

양보할 수 없는 우리들의 밥그릇

2040년 지하철 풍경에 반론을 제기할 수 있다. 아무도 가보지 않은 미래의 일이니 장담하기는 어렵다. 필자가 '상상'이라는 전제를 간 이유다. 그러나 이는 확정된 현실에 가깝다는 게 필자의 판단이다. 우리보다 일찍 늙어버린 미증유의 장수국가 일본에서 이미 이런 일이 벌어지고 있기 때문이다. 일본에 거주할 때 대낮에 대중교통을 이용하면 승객의 절반가량은 흰머리의 고령자다. 특히 동네 인근을 다니는 버스는 기사부터 승객 모두가 노인인 경우도 흔하다. 일본인들에게 이런 모습은 익숙하다. 양로원의 축소판이다.

현재 한국사회의 중추집단은 단언컨대 50~60대다. 이들은 전쟁과 가난이라는 멍에를 운명처럼 짊어진 선배 세대와, 처음부터 저성장·고령화의 파고를 돌파할 것을 요구당한 후배 세대 사이에서 유일하게 고도성장의 과실을 적잖이 향유했다. 타이밍 좋게 인플레가 끝나면서 정치·경제·사회 등 제반 권력까지 완벽히 접수하는 데 성공했다. 물론 이 안에서도 격차가 심하고 상당수가 빈곤의 공포에 떨고 있는 건 사실이지만, 상대적으로 호시절을 살아온 건 맞다. 이들 세대를 제외한 위아래는 그마저도 느낄 겨를 없이 절대 빈곤과 상대적 박탈의 절정과 겹치기 때문이다.

문제는 앞으로다. 50~60대가 선점한 권력은 장기 독점이 우려된다. 저성장·고령화라는 시대적 난제는 전체 세대의 공통과제인 까닭에 누구도 양보하기 힘든 자원 쟁탈전이 펼쳐지게 된다. 이때 기존 권력은 그 탄성대로 사회 설계·운영의 기득권을 결코 내려놓지 않으려 들 것이다. 선거 참여로 권력 교체가 가능할 수는 있지만 베이비부머까지 아우르는 이들 거대 집단을 이길 수 있는 확률은 극히 낮다.

동시에 이들 선점 세력은 그들의 현재와 노후에 정합적인 자원 배분·정책 결정을 심화시킬 수밖에 없다. 최대한 뒷방 신세로 물러나는 시기를 연기할뿐더러 만약 은퇴해도 큰 문제가 없도록 연금제도를 정비하는 등 사전 작업에 매진할 가능성이 크다.

기득권 세력의 장기 독점은 필연적으로 피해 그룹의 양보와 손해를 요구한다. 이케아 세대를 비롯해 후속 그룹의 견제·공격이 없진 않겠지만 머릿수로 승부하는 한 승률은 낮다. 처음엔 적극적인 정치 참여와 개혁 의지를 높일지 모르지만 넘기 힘든 벽임을 실감하는 순간, 이케아 세대의 전략은 궤도 수정이 불가피하다. 요컨대 '거리 두기'다. 한숨과 절망과 포기와 자폐다. 손실 감수와 희생양을 강조하는 기존 질서에 올라타기를 거부하고 부정한다. 올라타기도 힘들거니와 올라탄들 인생 전체의 손익계산서(?)는 늘 불리할 수밖에 없다는 불안이 상존한다.

앞장에서 살펴본 1인분 인생으로의 데뷔 거부가 그렇다. 선배 세대가 무난히 올라타 기성 권력이 된 '졸업 → 취업 → 연애 → 결혼 → 출산 → 승진'의 행복 컨베이어벨트 시스템에 대한 저항이다. 불만조차 읊조리지 않는 조용한 집단 저항이 시작된 것이다. 기성세대가 기획하고 연출한 사회 구조에 맞선 이케아 세대의 무차별적인 복수 게임의 시작이다.

햄버거 가게가 사라지는 압구정동

젊은이들의 증발은 이미 시작됐다. 도심조차 청년의 존재가 확인되지 않는 노인 위주로 공동화된 곳이 적잖다. 서울에서 부촌으로 꼽히는 강남구 압구정동도 벌써부터 고령화 징후가 나타나고 있다.

압구정동은 10대들이 좋아하는 햄버거 가게나 짜장면 집이 줄어들고 대신 보석가게와 의류 수선집이 자리를 지키고 있다.* 학군이 대치동으로 이동한 특수성도 있지만 50~60대가 주도권을 쥔 대표적인 지역이라는 데 의미가 있다. 압구정동의 2013년 10대 인구 비율은 1994년에 비해 절반 가까이 준 것으로 나타났다.** 장기 거주자가 많은 지역 특성, 그리고 비싼 집값으로 젊은층의 진입이 어려워 고령자 비중이 높아지는 것이 이유로 꼽혔다.

이처럼 한발 늦은 통계와 통계 특유의 착시효과가 청년 증발의 위기를 뒷받침하지 못할 뿐 이미 사회 곳곳엔 '사라지는 후속 세대'가 늘고 있다. "아기 울음소리가 사라졌다"는 말은 이제 농촌에 국한되지 않는다. 아파트 놀이터에는 아이들보다 노인들이 앉아 있

● 〈중앙일보〉, '강남통신, 지금 경험하는 고령화 상권의 미래', 2013. 9. 4.
●● 위 출처와 동일, 10대(10~19세) 비중이 1994년엔 21.5퍼센트였지만 20년이 지난 2013년엔 11.9퍼센트에 불과하다. 이 기간 압구정동 인구가 3만 7,800명에서 2만 9,100명으로 줄었다는 것을 감안하면 아이들이 얼마나 줄었는지 쉽게 알 수 있다.

는 모습이 흔해졌다.

이탈리아에서는 20년 뒤 삼촌과 고모, 이모라는 단어가 사라질 것이라는 전망을 내놓았다. 이탈리아 역시 심각한 노령화와 저출산으로 골치를 앓고 있는 국가다. 형제를 낳아야 삼촌, 이모, 고모, 숙모라는 개념이 존재하는데, 지금은 낳아 봤자 한 명이니 전통적인 (?) 개념의 친족 관계가 사라지는 것이다. 한국 역시 예외는 아니다. 우리도 이제 당고모나 육촌이라는 개념처럼 곧 삼촌과 고모, 이모도 어렴풋한 관계 정도로 희미해질 수 있다.

그런데도 위기의식은 턱없이 낮다. 참 무덤덤한 사회다. 게다가 '저출산'이란 말 하나로 이 무서운 시대 변화를 설명하기도 역부족이다. 실버산업이니 시니어 시장이니 하며 유행처럼 번지는 각종 풍경의 이면엔 그 열기만큼 충격적인 청년 증발이 펼쳐져서다. 일상생활의 작은 변화에 묻혀 동시다발적으로 진행되는 청년 증발은 그래서 더 무섭다. 기득권 세대·기성 제도가 느낄 수 없게 의도조차 하지 않은 복수이자 역습인 까닭이다.

아이 낳을 병원이 사라지다

최근 나타나고 있는 한 사례를 보자. '출산 난민'이다. 워낙 출산율이 떨어지니 산부인과는 의료업계에서 대표적인 3D 파트 중 하나다. 이 말은 곧 출산이 가능한 병원이 줄어든다는 얘기다. 대신 성업 중인 인기 과목은 성형·피부과 등이다. 자본의 논리에 따른 자연스러운 구조조정이다.

실제 전국 시·군·구 51곳에는 이미 아이를 출산할 수 있는 분만 병원이 사라졌다.* 시골에서 아이를 가진 젊은 부부는 아이를 낳기 위해 큰 도시로 가야 한다. 진료를 받기 위해 매달 시외버스를 타고 도시를 왔다 갔다 하는 불편도 감수해야 한다. 애를 낳고자 이리저리 원정 출산이 증가하는 배경이다. 이대로라면 지방에서 출산하는 것은 불가능해진다.

현대 의학이 발달했다고는 하나 출산은 매우 위험한 의료 상황이다. 아이와 산모 두 생명을 동시에 돌봐야 하며 탄생의 순간에도 치명적인 위험이 늘 도사리기 때문이다. 분초를 다투는 위급한 산모라면 불상사에 직면하지 말라는 법이 없다. 그래서 일본에서는 지방 병원에서 응급 산모를 거부하다 사망에 이른 사건이 심심찮게 뉴스에 오른다.

출산율이 낮아서 문제라고 하지만 낳겠다는 이들마저 출산 난

● 건강보험심사평가원에 따르면 한국의 산부인과(심사청구)는 2007년 1,011개에서 2011년 763개로 줄었다. 의원급은 같은 기간 710개에서 484개로 절반가량 급감했다.

민이 된다는 건 비극이다. 출산 환경을 개선하고 지원해 조금이라도 수월하게 해줘도 될동말동한데 실제로는 더 낳기 힘들어지는 악순환이 계속되는 것이다. 출산이 감소함에 따라 의료 시설과 지원이 줄고 출산 난민이 양산되는 것이다. 이때 출산 포기는 한층 탄력(?)을 받는다. 울고 싶은데 뺨까지 맞은 격이니 출산 거부에 힘이 실린다. 그 부작용과 후폭풍은 출산 여건이 열악한 지방 병원의 폐업이라는 형태로 연결된다. '출산 하락 → 출산 거부 → 출산 난민 증가 → 인구 감소 → 사회 부담'의 연쇄적인 악순환이 계속되는 것이다.

청년 복수의 흔한 일상적인 풍경은 이 밖에도 많다. 이는 한국 사회에 얼마나 저출산·고령화가 빨리 진행됐는지를 잘 알 수 있는 사례다. 동시에 결혼·출산을 거부하는 청년 복수가 얼마나 짧은 시간에 확대됐는지도 확인된다. 출산 난민으로 저출산의 복수를 봤으니 이제 저출산이 불러온 결과적인 고령사회의 모습을 보자.

평일 낮, 서울시 종묘 앞이나 탑골공원, 동묘에 가본 적이 있는가? 알다시피 그곳은 서울에서 노인들이 많이 모이는 대표적인 지역이다. 그곳을 지나게 될 때면 기분이 다르다. 한 끼 식사가 2,000~3,000원 안팎인 저렴한 식당과 중고 옷가지를 파는 노점상, 불개미주같이 자가 제조한 기능성 음료(?)나 중국산 라디오 같은 제품을 파는 가판대가 줄지어 있다. 목적 없이 긴 시간을 때우고자 무리지어 있는 건장한 노인들. 20대 여성 제자는 대낮에도 가기 무섭다고 한다.

요즘 유명 공원에서 아이들이 뛰노는 모습을 본 적 있는가? 젊은층이 많이 사는 신도시를 제외하고는 동네 공원은 노인을 위한 공간이다. 대한민국 노인 인구의 안식처로 불리는 탑골공원만큼은 아니지만 언제 어느 공원을 가도 고령자를 쉽게 만난다. 불과 얼마 전만 해도 그곳은 동네 아이의 놀이터였다. 시소, 미끄럼틀, 그네가 없는 곳이 없다. 그런데 더는 아니다. 지금은 놀이시설보다 경보, 스트레칭, 운동기구 등 관련 시설이 더 많다. 공부하기 바쁜 아이들 대신 건강을 챙기려는 부모 세대로 넘쳐난다.

공원은 있지만 아이는 줄었다. 아이들의 웃음소리보다 노인들의 술렁거림이 더 익숙해졌다. 동네 공원의 변천사는 소아과 대신 정형외과가 성황인 것과도 맥이 닿는다. 결혼·출산 거부의 청년 복수가 불러온 새로운 동네 풍경인 셈이다.

일본에서 크게 불거진 사회 문제 중 하나인 노인 집성촌이 돼버린 신도시 아파트를 보자. 고도성장 때 부동산 가격 거품을 일으키며 신도시에 이주한 후 30~40년이 흘러 자녀가 출가하고 은퇴 생활 하는 노인 인구만 남으면서 생긴 문제다. 동네 자체에 활기가 죽어버린 경우다. 노인들은 돈이 있어도 쓰지 않는다. 우리나라 1기 신도시가 곧 맞이하게 될 모습이다. 쥐죽은 듯 조용한 대낮 풍경은 일상적이다. 활력을 높이기 위해 젊은이에게 집에다 돈까지 쥐여 주며 젊은 피 유치에 사활을 걸지만 상황은 녹록잖다.

세뱃돈을 줄 아이가 없어진다

여기까지는 청년 복수의 현재적 상황 묘사다. 이제 한 세대가 바통을 이어받는다는 30년 뒤를 가정해보자. 편의상 2040년을 가정한다. 이 시점이면 이케아 세대의 조용하되 거대한 복수의 양상은 대한민국 풍경을 바꿀 충격으로 다가온다. 역시 비슷한 느낌의 일상 풍경으로 2040년 청년 증발의 충격적인 스토리를 훑어보자.

먼저 지하철이다. 지금 지하철 한 량의 양끝은 우대석이다. 과거엔 노인만을 위한 경로석이었지만 갈등이 불거지면서 이제는 임산부ㆍ신체 부자유자ㆍ환자ㆍ자녀 동반자 등도 이용할 수 있다. 그럼에도 시시콜콜한 사건ㆍ사고가 발생하는 현장이 이 공간이다. 세대 갈등을 넘어 때론 사회 분쟁(?)의 현장이다.

2040년이면 어떨까? 우호적인 입장에서 본다면 우대석 풍경은 꽤 달라질 터다. 사회적 공감대 속에서 우선 자리 양보를 받을 집단은 자녀 동반자나 어린아이일 확률이 높다. 희귀 사례(?)는 아닐지언정 만나기 힘든 소중한 인적 구성일 수밖에 없기 때문이다. "이곳은 한국사회를 지탱할 소중한 후속 세대인 어린이에게 양보하는 배려석입니다"라는 문구를 보게 될 날이 멀지 않았다. 시간이 더 흐른 후 아기나 어린이가 타면 조건반사적으로 자리에서 일어나자는 캠페인까지 펼쳐질 수 있다. 자라나는 새싹이 없다면 사회는 끝장이기 때문이다. 사실 뒤늦은 대응이지만 이렇게라도 된다면 그나마 좀 다행이라는 게 개인적 바람이다.

오락실도 마찬가지다. 게임센터로도 불리는 오락실은 어린이 · 청소년이 맘 편하게 즐길 수 있는 몇 안 되는 유희 공간이다. 지금은 PC · 스마트폰을 비롯해 개인기기로 오락을 즐기지만 불과 얼마 전까지 오락실은 왁자지껄한 젊은 공간의 상징이었다. 2040년 오락실은 그 풍경이 바뀐다. 주인공이 '청년 → 노인'으로 뒤바뀐다. 장시간 게임을 즐기도록 푹신한 의자로 바뀌고 전담 직원이 배치된다. 게임 방법을 설명하고 옆에서 거들어준다. 돋보기 무료 대여는 기본 서비스다.

치매 방지에 좋은 쉽고 단순한 게임도 준비해놓았다. 전용 휴게소를 갖춘 곳은 경로당처럼 사교 공간으로 변한다. 청년 고객은 없다. 그들에게 오락실은 '원래 어른들만 노는 곳'이란 인식으로 대체된다. 설마 그럴까 의심할지 모르겠다. 그러나 이는 2013년 일본의 생생한 현장 사례다.

갓난아기의 손을 만져본 적이 언제인가? 곰곰이 되물어보자. 필자조차 기억이 가물가물하다. 설날이면 어린 시절 형제들과 나란히 줄을 서 세뱃돈을 받았던 즐거운 기억이 있을 것이다. 그러나 이제는 세뱃돈마저 쥐여줄 아이가 몇 없다. 이런 것이야말로 청년 증발을 뜻하는 감지하기 힘든 미세한 변화가 아닐까 싶다. 실감하든 못하든 한국사회는 무서운 속도로 청년 증발이 진행 중이다. 브레이크 없는 특급열차에 가깝다. 사라지는 청년을 줄이고 막지 않으면 그 끝은 뻔하다.

고령화 특급열차, 달팽이처럼 느린 정책

인구 구조로 봤을 때 이미 디스토피아는 시작됐다. 청년 증발이 한 축을, 장수 추세가 또 한 축을 맡아 인구학적으로 탄탄한 디스토피아가 완성(?)된다. 저출산, 고령화 둘 다 위험 수위다. 그나마 장수 추세는 막기 힘들다. 막아서도 곤란하다. 장수는 분명 인류가 그토록 원하던 축복인 까닭이다.

그래서 더 급한 게 청년 증발의 저지다. 충분히 할 수도 있다. 노인 부양비를 감안하면 늙어가는 속도보다 갓난아기의 울음소리가 실은 더 중차대한 수행 미션이다. 분모가 탄탄해야 분자도 행복한 법이다. 안정적이고 탄탄한 분수를 완성하는 첫 번째 과제다.

	한국	미국	프랑스	영국	독일	일본	브라질	러시아	인도	중국
1990	5.1	12.5	14.1	15.7	15.0	11.9	4.5	10.2	3.9	5.8
2000	7.2	12.4	16.0	15.8	16.3	17.2	5.5	12.4	4.4	6.9
2010	11.0	13.1	16.8	16.6	20.8	23.0	6.9	13.1	5.1	8.4
2020	15.7	16.6	20.3	18.9	23.1	28.6	9.5	14.8	6.3	11.7
2030	24.3	20.1	23.2	21.7	28.2	30.7	13.6	18.1	8.2	16.2
2040	32.3	21.2	25.4	24.0	31.8	34.5	17.6	18.3	10.2	22.1
2040/2010	2.9	1.6	1.5	1.4	1.5	1.5	2.6	1.4	2.0	2.6

한국 > 중국, 브라질 > 인도 > 미국 > 프랑스, 독일, 일본 > 영국, 러시아 순 단위: 퍼센트

＊자료: 기획재정부

2040년이 디스토피아가 될지 유토피아가 될지는 지금에 달렸다. 인구정책은 안타깝게도 금방금방 효과가 확인되지 않는다. 끈질기고 폭넓게 장기간 진행해도 달성이 어려운 과제다. 현재의 양보와 희생을 전제로 한 다음 세대를 위한 정책이다. 대타협이 필요하다. 다양한 삶과 자생적인 질서를 억누르는 억압·통제의 관리 수단만이 존재하는, 그래서 여유와 희망을 잃은 디스토피아에 내 후손이 살기를 바라는 이는 아무도 없을 것이다.

이케아 세대는 입을 닫았다. "힘드냐?" 물어도 되돌아오는 건 씁쓸한 웃음과 공허한 묵묵부답이다. 대신 이들이 선택한 건 기성사

회를 향한 조용하되 개인적인 복수다. 직접적으로 칼끝을 겨누진 않았으되 그 결과는 뻔하다. 재촉보다 이해, 위로보다 대안, 강요보다 양보가 먼저다. 이케아 세대를 비롯해 청년을 품을 때 디스토피아는 가상 속에 남을 뿐이다. 인구경제학의 전문가인 데이비드 콜먼(David Coleman, 인구학자, 옥스퍼드대학교 교수)의 말이다.

"한국은 저출산으로 지구상에서 사라질 첫 번째 국가가 될 것이다."

노인정치가
시작되다

"노인정하고 양로원은 필수 코스야. 선거운동 때는 거의 매일 들러.

허리가 끊어질 만큼 정중하고 융숭하게 인사하는 게 기본이야.

냅다 절부터 시작해야 돼. 젊은 사람 와서 손 한 번 잡아드리면

좋아하시지. 백발 어르신들과 등지면 정치 못할걸."

친한 국회의원의 말이다. 이쯤에서 퀴즈 하나. 전통시장 · 약수터 · 동네 교회 · 향우회(동창회) 등의 공통 특징은 뭘까? 선거운동 단골 명소라는 점이다. 또 하나 있다. 구성 멤버가 적어도 50대 이상의 중 · 고령자 위주란 점이다. 조기축구회처럼 비교적 젊은 멤버가 모인 곳도 있지만 예외다. 요컨대 대한민국에서 의원 배지 달려면 '어

른'을 내 편으로 만들어야 한다는 얘기다. 인터넷·SNS 등 신진 세력이 있다지만 아직은 아닌 듯하다.

청년 증발은 상대적으로 노인의 부각을 뜻한다. 가뜩이나 수가 적은데 입 닫고 토라지기까지 한 청년은 존재감이 줄어든 반면 거대 규모에 의견 교환을 주저하지 않는 파급력(?) 있는 노인의 입지는 확대된다. 정치 무대가 대표적인 현장이다. 이미 '보수=노인'과 '진보=청년'의 등식은 확고하다 못해 진실(?)처럼 여겨질 정도다. 보수·진보를 둘러싼 개념 정의가 워낙 다양하고 광범위해 일률적인 설명은 힘들지만 늙어갈수록 보수적일 확률이 높다. 저성장·고령화에서 유추되듯 한국의 정치 지형이 노인 파워로 귀결될 수밖에 없는 이유다.

실제 정치 참여는 연령별로 구분된다. 2012년 대선이 그랬다. 당시 연령대별 투표율은 뚜렷하게 엇갈렸다. 연령이 높을수록 투표율은 높았다. 50대(82퍼센트)를 필두로 60대 이상(81퍼센트)이 80퍼센트대 투표율을 거둔 것에 비해 20대(69퍼센트), 30대(70퍼센트), 40대(76퍼센트)는 평균에 못 미쳤다. 그나마 청년의 정치 참여가 개선된 결과다. 17대 때보다 20~30세대 투표율이 14~23퍼센트포인트 늘었다(중앙선거관리위원회). 이 추세는 특별하지 않다. 역대 선거에서 공통적으로 나타난다. 20대 후반의 투표율이 바닥인 반면 50대 투표율은 늘 정점이었다. 지지 성향도 연령별로 갈린다.

노소 대결의 대리전인 듯 연령별 지지 격차가 확연하다.* 나이가 들수록 보수 성향이 뚜렷했다.

청년이 힘들 때 누가 위로해주지?

'제론토크라시Gerontocracy'란 단어가 있다. 고대 그리스의 노老 정치가 제론의 이름에서 유래한 이 단어는 노인정치 또는 노인의 지배란 의미로 사용된다. 노인이 정치사회적으로 실권을 지닌 체제다. 고령사회에선 종종 회자된다. 노인 인구가 늘면서 그들이 주도권을 잡는 사회가 펼쳐질 것이란 이유다.

그러나 긍정적인 현상은 아니다. 장기 집권으로 사고와 행동의 유연성이 떨어지고 폐쇄적으로 변하면서 전체 조직에 소통의 마비를 야기한다는 혐의다. 집권 정치인의 고령화를 뜻하지만 노인의 의사가 정치에 적잖이 반영되는 한국도 마찬가지다. "우리를 집토끼로 생각해 잘 챙겨주지 않는다"는 노인의 반발도 있지만 입김이

● 당시 박근혜 후보는 20대(33.7퍼센트), 30대(33.1퍼센트)와 달리 50대(62.5퍼센트), 60대 이상(72.3퍼센트)의 유권자에게 절대 지지를 얻어냈다. 반면 문재인 후보는 20대(65.8퍼센트), 30대(66.5퍼센트)에서 몰표를 얻었고 50대(37.4퍼센트)와 60대 이상(27.5퍼센트)에서 밀려 낙선했다.

세진 건 자명하다.

늙은 국가에선 특히 그렇다. '일어서라 일본たちあがれ日本'이란 정당이 '한때' 있었다. 2010년 봄 자민·민주당의 양당 시스템이 내포한 낡은 정치를 벗자는 차원에서 발족한 정당이다. 보수적인 자민당의 분파 정당답게 '타도 민주당'을 슬로건으로 내세워 주목을 받았다. 그런데 이보다 더 세간의 이목을 집중시킨 건 참가 의원의 평균 연령이다. 처음엔 70세였던 게 화제였는데 여든을 앞둔 노구의 정치인까지 결합해 평균 연령을 한층 높여버렸다. 시대 개척의 참신함 대신 '늙은이당·실버당'이란 별칭을 얻은 배경이다. 신당이라 하기엔 너무나 늙어버린 면면에 대한 비꼼이었다. 필자의 지인은 "몸도 제대로 못 일으키는 70~80세 노인이 일본을 세운다는 건 난센스"라고 했다.

사회 자본의 노인 독점(좀 양보한다면 과점)을 위한 제론토크라시는 고령사회의 피치 못할 트렌드 중 하나다. 동물심리학자 콘라드 로렌츠Konrad Lorenz•는 방어 능력이 떨어지는 초식동물들이 맹수들의 공격을 피해 떼를 지어 붙어 다니듯 현역에서 물러난 은퇴 그룹이 무리를 형성해 집단성을 강화하는 건 당연한 결과라 했다. 그는

• 《고령사회 2018; 다가올 미래에 대비하라》, 프랑크 쉬르마허 지음, 장혜경 역, 나무생각, p.119.

이런 노인 집단을 '익명의 떼거리'로 칭했다. 퇴물 취급을 거부하고 생존 능력을 강화하려는 일종의 방어전술이란 의미다.

유사한 지적은 또 있다. 인구학에선 이익정치에 나선 베이비부머를 '돼지를 먹은 비단뱀Pig in a Python'이라 부르기도 한다. 한 번쯤은 봤음 직한 돼지를 집어삼킨 비단뱀 화면을 떠올리면 쉽게 상상이 된다. 거대 집단인 베이비부머의 생애주기에 발맞춰 사회 자본과 정부의 정책이 호응하는 형태로 실현될 수밖에 없다는 뜻이다.

한국이라면 베이비부머(1955~1963년생)가 결혼 적령기에 도달한 1980년대 중반 신도시를 비롯해 대규모 주택 공급이 이뤄진 게 그 사례 중 하나다. 2012년 대선에서 50대가 사상 최고의 투표 참가율을 기록한 것도 그들이 우려하는 은퇴 이후의 생활 보장을 위한 이익정치의 실현으로 이해할 수 있다. 선거 참여로 다수 집단으로서의 잠재력을 내세우며 '낙선 공포'와 '이익 요구'를 협상한 셈이다. 불확실성을 덜어달라는 일종의 정치 행위다.

선거제도 자체의 한계도 지적하지 않을 수 없다. 이대로라면 노인정치가 심화·안착될 수밖에 없는 제도적 함정이다. 민주주의가 갖는 1인 1표로 완성되는 다수결의 원칙이 그렇다.* 오직 머릿수만 많으면 무엇이든 통과될 수밖에 없기 때문이다. 투표가 사회 전체

● 졸저《세대전쟁》참고.

의 선호를 항상 반영하지는 않는다는 가설검증(애로의 불가능성 정리)이 노벨 경제학상을 받았을 정도다(케네스 애로Kenneth Joseph Arrow, 1972년 노벨 경제학상 수상). 기득권 세력의 권력 유지를 위해 그들이 스스로 유리한 선거제도를 만들지 않았나 의심할 수도 있겠다.

아프고 힘드니까 청춘이야

공식적인 선거제도마저 노인정치의 실현 무대로 움직이는 판에 청년을 배제하려는 비공식적인 의도는 적잖은 곳에서 노출된다. 기득권 세력으로 뭉쳐진 노인정치가 자원 쟁탈전의 잠재적 경쟁자인 청년들의 참여를 물밑에서 가로막는 것 아니냐는 문제 제기다. "정치에 신경 쓰지 말고 네 할 일이나 제대로 하라!"는 일부 고지식한 기성세대의 지적이 이를 부채질한다. 정작 선거 당일에 출근을 시키거나 단합대회를 떠난다는 소문도 마찬가지다. 기득권을 위한 교묘한 청년 소외는 비록 심증(?)은 있으나 명확한 물증이 없기에 혐의에 그치지만 찜찜함은 금할 수 없다.

'관객정치'란 말이 있다. 일본 직장인의 저조한 정치 참여를 뜻하는 단어다. 그런데 그 내용과 구조가 적잖이 속상하다. 알다시피 일본사회는 기업 중심이다. 일상생활의 주요 부분이 기업과 중첩된다. '회사인간', '주식회사 일본'이란 비아냥이 담긴 신조어가 탄생한 것도 이 때문이다.

일본 기업에선 자발적(?)인 잔업·특근이 일상적이다. 그래서 과로사가 심심치 않게 일어난다. 일 권하는 사회인 셈이다. 이유는 탈락 낙인에 찍히지 않기 위해서다. 가뜩이나 경력 채용이나 이직이 쉽지 않아 찍히면 인생 종친다는 불안감이 높다. 그 결과가 지금의 피폐한 사회를 낳았고 늘 고질적인 사회적 문제로 대두된다.

이로 인한 파생효과가 낮은 정치 참여다. 정치엔 관심이 중요하다. 관심이 있어야 참여하고, 그래야 뜻이 반영된다. 그런데 일본 직장인에게 정치에 대한 관심은 닿지 않는 먼 거리에 있다. 다람쥐 쳇바퀴 돌듯 종종걸음으로 '집 ↔ 회사'를 오가는 시스템이니 선거를 할 만한 짬조차 없다. 정치보다 밥벌이가 먼저다. 쉴 수 있는 휴일이면 잠자기 바쁘다. 무대에 올라 참가하기보다 관객처럼 쳐다보는 게 전부다. 정경유착처럼 정치와 기업의 관계가 돈독한 일본에선 오래된 관행이다. 정치 무관심을 확대하려는 은밀한 기득 권력 유도 정치라는 분석이 적잖다.

콘크리트에서 사람으로

주장하지 않고, 요구하지 않는데 먼저 해주기란 어렵다. 재원 한정이라는 구조적인 딜레마의 늪에 빠진 저성장·고령화 국가에선 특히 그렇다. 그래서 다수결의 훈풍에 올라탄 노인정치가 매서운 법이다. 정책 반영에 노심老心이 깊숙이 개입될 수밖에 없어서다. 뽑아준 노인을 위한 자연스러운 보은 정책에 토를 달 이유도 없다. 늘 청년 정책이 노인 정책보다 우선순위에서 밀리고 빠지는 이유가 여기에 있다. 서울시장직이 걸렸던 무상급식 이슈만 해도 처음엔 반짝 관심을 끌다 이젠 꽤 잊혀진 분위기다. 정권교체도 됐거니와 중앙·지자체의 재원 갈등이 발목을 잡았다. 비단 이게 아니더라도 무상급식은 그 진정성이 훼손될 수밖에 없는 운명이었다. 바로 청년 정책이기 때문이다.

이쯤에서 재미난 사례가 있다. 일본의 정권교체가 노소 대결의 핵심적인 축소판인 까닭이다. 2009년 실시된 선거 결과를 보자. 이는 54년 만의 자민당 집권체제를 붕괴시켰다. 길게 봐서 1867년 메이지明治유신 이래 최초로 보수 여당이 정권을 빼앗긴 것이다. 정권교체의 승자는 민주당이다.

사실상 보수적인 건 매한가지지만 독특한 선거공약을 내세워 민심을 얻어냈다. '콘크리트에서 사람으로'라는 슬로건을 내세운

아동수당·고교 무상교육·고속도로 무료 통행 등 3대 세부 정책이 먹혀들었다. 뜯어보면 모두 청년 정책이다. 출산 장려를 위해 아동수당을 지급하고, 고교생까지 무상교육을 실시하며, 휴일엔 가족끼리 나들이하라고 비싸기로 소문난 고속도로 통행료를 무료로 했다. 청년의 활력을 되살려 경제적 폐색 활로를 열겠다는 포부였다.

민주당의 선택은 성공했다. 노인의 눈치를 심하게 볼 수밖에 없었던 그간의 정치 현실을 극복해냈다. 사실상 정권교체는 청년 세대가 승리를 거둔 유일무이한 선거 혁명으로 평가된다. '고령화 → 저출산'으로의 정책 전환이 가져다준 승리였다. 다만 오래가지 못했다. 4류 정치인 건 민주당도 똑같았다. 기대는 물거품이 됐다.

2012년 아베 내각은 드디어 정권을 되찾아갔다. '노인 → 청년'으로의 정책 전환은 일거에 역류했다. 노인 등 기득권 세력의 분노 폭발은 이렇게 잃어버린 정권을 되찾아냈다. 세금을 올리면 낙선한다는 증세의 저주처럼 노인들이 반발하면 정권을 잃어버린다는 학습효과를 안겨줬다. 이후 제론토크라시는 재차 강화됐다. 노인 시설은 늘어났고 반면에 학교 지원은 줄어들기 시작했다. 재원 부족 탓에 늘리긴 힘들지만 적어도 노인 복지엔 손대지 않는 형태로 합의(?)된 듯하다.

같은 맥락에서 보수(?)적인 청년마저 생겨난다. '청년=진보'의 이미지를 깬 방향 전환이다. 보수 청년이 없었던 건 아니지만 갈수록 세를 확산하는 분위기다. 《프레카리아트》*란 책은 청년 세대의 우경화 현상의 원인을 색다르게 진단한다. 늘 지적되는 고용 불안과 달리 사회와의 접촉 루트로 우경을 선택한다는 가설이다. 즉 실패를 경험한 하류 청춘은 고립과 좌절 속에 스스로를 함몰시킨다. 이런 사고와 행동방식은 사회와의 단절을 야기할 뿐이다. 일로써 사회와의 접점을 찾지 못하니 연결고리는 사라진다.

반면 표류 인생의 불안감을 달래려는 맘도 높아진다. 이때 손쉽게 접속이 허용되고 공감대를 찾는 게 국가라는 공동체다. 즉 "가난하거나 불안정해도 당장 굶어죽지 않는 건 그나마 행복하다"거나 "이렇게 성장해온 나라를 부인하는 건 옳지 않다"면서 공감대를 형성하고 본인의 상황을 긍정하려는 의도가 생겨난다는 지적이다. 이를 통해 얻는 힐링도 상당하다는 주장이다.

노인의, 노인에 의한, 노인을 위한 사회

한국사회의 주도권은 기득권 세력이 장악한 지 오래다. 또 그 기득권 세력을 상징하는 주체는 노인 그룹이다. 정치와 경제를 필두

● 《프레카리아트》, 아마미야 가린 지음, 김미정 옮김, 미지북스, 2011.

로 소득과 자산 등 상당 비중을 50대를 비롯해 기성세대가 장악했다. 정치적으로는 고령자 주권시대의 개막이다. 이들의 최대 무기는 단결력이다. '익명의 떼거리'이자 '돼지를 삼킨 비단뱀'처럼 똘똘 뭉쳐 그간 확보한 기득권을 철저히 보호하는 것도 모자라 더 챙기려 단합한다.

800만 명의 거대 집단인 일본의 베이비부머(1947~1949년생)를 '단카이團塊세대'로 부르는 것도 마찬가지다. 이는 '뭉쳐서 단단하다'는 뜻이다. 일본보다 좀 후배이고 연령대가 넓지만 한국에도 유사 집단이 700만 명이나 된다. 이들이 은퇴하고 늙으면 한국에서의 제론토크라시는 더 심화될 터다. 연금 등 노후 생활의 사회안전망조차 부실하니 특히 그렇다.

정반합正反合이라지만 현재 한국에서 노인과 청년의 화해와 대화를 통한 상생방안은 사실상 실종된 느낌이다. 먹고사는 문제와 직결되니 웬만하면 타협하기 힘든 게 인지상정이다. 남을 살리자고 내가 죽을 수는 없는 노릇이다. 이걸 해결하고 중재해야 할 의무가 정치에 있지만 역시 책임 방기다.

이러는 와중에 청년의 선택 카드는 한층 확산된다. 자발적 개인 포기가 낳은 비자발적 사회 복수다. 기를 써도 넘기 힘들게 세워진 공고한 기존 장벽에서 물러나 스스로 1인분 인생을 포기하는 식이다. "해도 안 되면 물러서는 게 낫다"는 푸념은 "그냥 혼자만이라도

행복하게 사는 법을 배우는 수밖에 없다"는 자구안과 맞물려 연일
확대된다.

위험 수위에 다다른 청년 반발을 두고 일부에서는 폭동이 일어
나지 않겠느냐고 한다. 유럽이 선행 사례다. 다만 한국에선 적어도
이 전망은 틀렸다. 이미 폭동은 조용하고 폭넓게 진행 중이기 때문
이다. 꼭 두건 쓰고 경찰과 대치해야만 폭동이 아니다. 기존 질서에
서 벗어나려는 작은 몸짓조차 사회 유지란 큰 그림에서 보면 소극
적인 폭동이다. 참가 배제를 이유로 독립 공간에 매몰된 채 혼자만
의 삶을 선택한 은둔형 외톨이가 그렇다. 가족 불화도 있다. 화를
표출하는 대상으로 익숙하고 부담 없는 부모·형제를 타깃으로 한
가정불화가 그렇다. 인터넷에서 극단적인 댓글과 비방으로 무차별
적인 언어폭력을 가하는 것도 대부분 기존 질서에 대한 반발이다.

극단적인 선택도 비일비재하다. 청년 울화가 야기한 자기 신체
훼손 사례다. 우울증을 넘어 삶을 버리는 불행지표가 청년 그룹에
서 높은 데에는 이유가 있다. 1장에서 강조했지만 가장 은밀하되
충격적인 폭동은 결혼과 출산을 거부하는 트렌드다. 낳지 않으면
인구는 줄어들고 문제는 복잡해질 수밖에 없다.

물론 제도 개혁과 인식 전환으로 출산율을 높일 수는 있다. 다만
이는 미미한 변화에 머문다. 출산율 증가는 30년이 지나야 인구에
영향을 줄뿐더러 60년은 흘러야 눈에 띄는 인구 증가로 이어지는

법이다. 평범한 1인분의 포기 인생이야말로 사회의 손실이며 곧 국가 붕괴의 시작이다.

저성장·고령화의 장수사회는 실버민주주의의 실현으로 귀결될 확률이 높다. 실버세대가 민주주의에 힘입어 정치 질서를 재편하게 된다. 2040년 정도면 한국사회에도 보란 듯 노인정치가 자연스레 펼쳐질 수 있다. 노인의, 노인에 의한, 노인을 위한 사회 실현이 성큼 다가오는 것이다. 지금의 이케아 세대는 그때 즈음 누구를 지지할까 자못 궁금하다. 과연 선배들처럼 기존 질서·기득권 세력 쪽에 다가설까? 아니면 늙어버린 잉여 세대인 채 환갑을 맞을 것인가?

재규어를 타는
할머니와
처음 세탁기를 돌리는
할아버지

유학생 시절, 내가 일본에서 본 부러운 풍경이 있다. 바로 백발의 노인 부부가 스포츠카를 몰고 가는 모습이다. 노인이 지붕을 열고 운전하는 스포츠카라니, 그 생경한 조합이 아직도 즐거운 충격으로 남아 있다. 일본에서는 가녀린 호호 할아버지가 귀여운 폴크스바겐 비틀을 몰고 청년의 전유물로만 생각했던 늘씬한 재규어를 백발 할머니가 모는 풍경이 낯설지 않다.

한국의 청담동과 비슷한 긴자에 가면 캐시미어 스웨터와 진주 목걸이로 곱게 멋을 낸 할머니 모임을 자주 볼 수 있는데 점심으로 장어를 먹고 고급 카페에서 디저트를 함께 하며 도란도란 이야기 꽃을 피운다. 에르메스에서 며느리 선물을 고르고 샤넬에서 트위드

재킷을 구입한다. 이미 일본의 고가 마케팅 대상은 50~60대 노인을 대상으로 펼쳐지고 있다. 저런 노후를 보내면 부러울 게 없겠다 싶다. 그러나 이런 노후를 보내는 인구는 일본에서 극히 일부일 뿐이다. 대부분의 현실은 이렇다.

노년의 세탁기 신드롬: 남성이 나이 60이 넘으면 손수 세탁기를 돌려야 하는 때가 온다. 아내의 장기 여행이나 또는 영원한 부재로 인해 밥솥도 열어보고 세탁기도 돌려야 하는 것이다. 그런데 세탁기 사용법을 모른다. 또 세제, 유연제, 표백제를 구별하지 못한다. 모르면 주변에 물으면 되는데 자존심이 허락지 않는지 곧바로 제조사에 전화한다. 대뜸 "때가 하나도 안 빠졌다, 내용물이 세제라고 바로 알 수 있도록 표시하라, 기본이 안 돼 있다, 버튼이 작동하지 않는다" 등의 원초적인 불만을 내뱉는다. 어차피 무료전화라 부담 없이 오랫동안 통화한다. 게다가 나이든 남성 특유의 자존심 세고 급한 성격에 대응이 조금이라도 부족하면 불같이 화를 낸다. 상사를 바꾸라고 명령조로 말하고, 경영 방침이 맘에 안 든다며 사장과 얘기할 것을 고집하는 경우도 많다. 자신이 그동안 쌓아온 지식과 경험을 엉뚱하게 투사하는 사례다.

퇴직 후 재취업: 불황의 최종 희생양은 늘 월급쟁이다. 대기업 고위 임원이었던 마루이 씨는 2009년 정년(60세) 퇴직했다. 한평생 회사인간이었기에 소홀했던 가족관계를 복원하고 삶의 보람을 느끼고자 정년 연장 대신 퇴직을 택했다. 그렇지만 후회 중이다. 40여 년 만의 가족 복귀는 예상치 못한 갈등을 낳았고 연금 수입만으로는 실질적인 가장 역할이 불가능했다. 미혼 자녀 둘은 서른을 넘겼는데도 결혼하지 못하고 비정규직 프리터로 용돈을 받아간다. 결국 재취업을 결정했다. 그런데 '잘나가던 그'를 반기는 곳은 없었다. 부탁해도 다들 제 코가 석 자였다. 눈높이를 낮춰 헬로워크(공공직업안정소)와 실버인재센터에 눈도장을 찍지만 묵묵부답이다. 자존심은 상할 대로 상했다. 그래도 먹고살자니 할 수 없다. 포기하기엔 살아갈 날이 너무 길다.

빈곤 노인: 오사카 니시나리西成구는 일본의 대표적인 빈민촌이다. 새벽 인력시장 때문에 일용직 근로자의 집성촌으로 알려졌지만 실은 오갈 데 없는 빈곤 노인의 쓸쓸한 풍경을 일상적으로 볼 수 있다. 이곳은 2005년 기준 일본 남성의 평균수명이 가장 짧은 곳이다. 73.1세로 5년 전 조사에 이어 재차 최단명 지역이 됐다. 이곳 빈곤 노인의 삶은 열악하다. 도야로 불리는 하루 1,000엔 이하 방에서 살며 3끼 식사조차 힘들다. 생활보호자 신

청을 해도 자격 조건이 까다로워 지정되지 못한다. 아파도 병원
은커녕 외출조차 힘들다. 여름과 겨울엔 냉·난방비가 없어 몸
하나로 버텨낸다. 빈곤 노인은 정부조차 버렸다.

미리 고령화를 준비한 일본도 버겁다

장수대국 일본에서 흔하게 나타나는 노인 생활의 여러 풍경들이다.*
장수사회는 분명 축복이다. 인류가 그토록 바랐던 수명 연장의 실
현이다. 다만 축복만큼 동일한 지분은 재앙에 주어진다. '유유자적'
의 노인과 '고군분투'의 노인이 상존할 수밖에 없다. 사회도 마찬가
지다. 북유럽처럼 안정되고 풍요로운 고령사회가 있는 반면에 준비
되지 않은 저성장과 고령화로 각종 사회 갈등과 유발 비용이 폭발
적으로 늘어난 국가도 많다. 한국과 일본이 그 예다. 급작스레 찾아
온 장수사회의 도래가 새로운 사회 질서를 요구함에도 불구하고 인
식과 제도 개혁은 한참 뒤져서다.

비교적 일찍부터 고령화를 준비한 일본조차 차일피일 미루다
위에 소개한 슬픈 풍경이 일상적으로 펼쳐지는데 한국은 두말할

● 졸저 《은퇴대국의 빈곤보고서》에 실은 에피소드 중 몇 개를 골라 소개했다.

필요조차 없다.

일본은 1970년대부터 고령화를 국가 정책 중 하나로 선정해 관리해왔다. 그럼에도 그 속도·규모가 저출산과 맞물려 통제 불능의 상태로까지 악화됐다. 지금은 천문학적인 돈이 투여될 수밖에 없는 처지가 됐다. 국가 예산(92조 엔)을 뛰어넘는 사회보장급부비(106조 엔)가 그렇다. 사회보장급부비의 최대 수혜자는 노인 그룹이다. 매년 예산의 절반을 국채를 찍어 가까스로 노인 복지에 충당하는 상황이다. 부자 노인이 넘쳐나는 일본에서도 손쓸 수 없을 정도로 악화된 장수사회의 현실이다.

손자와 장어를 먹고 고급 온천에 가는 삶

한국은 더 열악하다. 사회안전망도 일본보다 헐겁고 빈약하다. 사실상 유력한 복지 제공처는 가족뿐이다. 아니면 스스로 챙기는 수밖에 없다. 그러니 자원 배분을 둘러싼 쟁탈전이 치열해질 수밖에 없다. 연금제도가 대표적이다.

아직 한국의 국민연금은 버틸 만하다. 납부자가 수급자보다 많아 당장 흔들릴 일은 없다. 다만 후속 세대가 늙어가는 와중에 이들의 일자리가 불안해지고 소득마저 늘지 않으면 재정 압박은 심화될 수밖에 없다. 세대를 뛰어넘는 공정하고 공평한 연금 개혁을 한 시라도 미뤄선 곤란한 이유다.

일본 노인은 평균적으로 부자다. 부동산 등 실물자산을 빼도 전체 가계 금융자산 1,500조 엔 중 60퍼센트를 65세 이상 고령자가 보유하고 있다. 노인 세대의 경우 사망 당시 금융자산만 1인당 평균 3,500만 엔에 달한다는 통계도 있다. 앞의 우울한 풍경과 달리 고가의 스포츠카를 타고 해안 별장을 오가는 부자 노인이 적잖은 이유다. 적어도 대기업·정규직의 회사인간으로 한평생을 살아온 가장인 남편과 전업주부의 고령 부부·무직 세대(평균 노인)라면 은퇴 생활은 축복일 확률이 높다. 그리고 그 뿌리는 탄탄한 3~4층의 연금 시스템에서 확인된다.

연금제도는 세대 이전을 위한 소득 재분배의 상징적인 제도다. 왕성한 현역 세대가 물러난 노년 세대를 부양하는 사회 합의적인 부양 시스템이다. 노인 부양비율(65세 이상÷15~64세)이 연금제도의 지속 가능성과 직결되는 배경이다. 일본 노인이 연금소득과 건강보험 등에 의존해 살아가는 것도 현역 세대가 낸 보험료(59조 엔)에 국가·지방 예산(38조 엔)이 투여된 덕분이다(2010년).

여기서 의문 하나, '현역에서 노인'으로 쏠리는 소득 재분배에 문제가 있다는 주장이다. 정작 노인 그룹이 돈이 많고 청년 세대는 가난하다면 이 전제는 정당성을 잃는다. 되레 유산 상속처럼 부자 부모가 빈곤 자녀에게 세대 이전을 하는 게 더 바람직할 수 있다. 그러면 적어도 역습으로 나타나는 청년 증발은 줄일 수 있다. 금전 부담을 덜고 유무형의 양보까지 얻어낸다면 본능적인 1인분 인생 경로를 굳이 벗어날 이유가 없기 때문이다.

이런 점에서 연금 개혁은 정밀하고 공정하게 이뤄질 필요가 있다. 제도 탄생 때와 달리 시대 변화가 반영돼야 함은 지극히 당연한 일이다. 대타협을 통해 공존·공생하는 지속 가능한 연금 시스템이 마련될 때 비로소 후속 세대인 청년 그룹의 반발과 저항도 누그러뜨릴 수 있다.

이때 일본의 연금 구조는 중요한 시사점이 될 수 있다. 비교적 잘 만들어졌음에도 빈곤 노인의 사회 문제가 빈번하고, 청년은 청년대로 연금 불신이 위험 수위에 달했기 때문이다. 지금부터 일본의 연금 시스템을 살펴보자.

연금 선진국 일본의 연금 구조*

강조했다시피 일본은 연금 선진국에 속한다. 군사적 목적이긴 해

● 졸저 《은퇴위기의 중년보고서》의 관련 원고를 내용에 맞게 인용 혹은 재구성했다.

도 1930년대에 이미 의료보험이 시작됐으니 꽤 빠른 편이다. 국민 연금도 1961년 시작돼 역사만 50년 이상이다. 탄탄한 노후 보장 시스템을 갖춘 배경이다. 유례를 찾기 힘든 고도성장 덕에 1973년 엔 '복지 원년'까지 선언했다. 노령화를 준비하는 일본의 자신감은 대단했다. 다만 화무십일홍花無十日紅이었다. 상황이 급변했다. 저성 장·고령화와 맞물린 일본적 피로 한계와 불협화음이 국가 위기로 급부상했다.

핵심은 노후 불안이다. 일본은 장수국가답게 노인 인구(65세 이 상)가 전체의 24.4퍼센트(3,083만 명)다(2013년 3월). 4명 중 1명꼴 이다. 생산 연령 인구(15~64세)는 사상 최초로 8,000만 명 밑(7,896 만 명)으로 떨어졌다. 노인 부양비율이 2.56명 중 한 명인 셈이다. 이들 중 상당수는 궁핍한 노후를 보낸다. 1~4층의 완벽한 연금체 계를 갖췄다지만 빈곤 노인이 적잖다.

그나마 평균 노인은 재산이 많다. 고도성장의 수혜를 누렸기에 행복 보장(대기업·정규직)의 컨베이어벨트에만 올라탔다면 통장 잔고가 탄탄하다. 가진 것도 없고 가지기도 힘든 자녀 세대로선 부 러울 따름이다. 후속 세대는 한층 가혹해진 자신들의 빈곤 노후 예 고방송을 숨죽이며 관람 중이다. 가슴 먹먹한 현실이다.

연금은 노후 생활을 보장하는 필수 안전망이다. 정도의 차이는 있지만 선진국일수록 노후 소득 보장체계 중 연금이 으뜸으로 손

꼽힌다. 스웨덴 모델로 일컬어지는 북유럽의 경우 사실상 노후 걱정이 없는데 그 이유도 탄탄한 공적연금 때문이다. 아시아에선 일본이 비교 잣대 없는 연금 선진국이다. '여유있는 연금 생활자'라는 이미지가 굳어진 배경이다. 노후 생활의 만족도가 비교적 높은 이유가 연금 소득 때문이다.

뿌리는 1~2층으로 중첩·보장된 공적연금이다. 실제 노후 자금 확보 루트 중 80퍼센트가 공적연금이다. 그 위에 3층과 4층의 기업·개인연금이 또 덧보태진다. 설계만 잘 했다면 1~4층 모두에서 수혜를 입을 수 있는 셈이다. 흔히 노후 자금원은 다음의 다섯 가지로 구분된다.

- 공적연금
- 사적연금
- 자녀봉양
- 자산축적
- 근로소득

그리고 일본의 연금 시스템은 4층 구조다.

- 1층 국민연금

- 2층 후생 · 공제연금
- 3층 기업연금
- 4층 개인연금

개인연금 2조를 날려버린 일본의 투자회사

1~3층의 연금 시스템은 100세 시대에 웃음을 안겨줄 둘도 없는 사회안전망이다. 간당간당한 최저 수준의 생활이 아닌 풍족하고 여유로운 노후 생활을 가능케 해주기 때문이다.

다만 여기엔 허점과 함정이 너무 많다. 탄탄하다지만 연금 그물망에서 빠져버리는 경우가 급증해서다. 요컨대 '연금의 배신'이다. 모델연금(23만 엔)조차 필요 생활비(27만 엔)에 못 미치는 연금 부족 사태가 한 사례다(총무성). 4만 엔 적자다. 3층이 없다면 여유 생활은 그림의 떡이다.

게다가 모델연금은 수혜 인원이 제한된다. 대부분은 턱없이 부족한 연금 소득을 받는다. 공적연금의 사각지대다. 1층 수급자(900만 명) 중 절반이 그렇다. 미수급자만 120만 명이다. 미가입 및 25년 미충족인 경우다. 40년을 못 채운 저연금자도 많다. 유족연금의 까다로운 수급 조건 때문에 고령 여성의 불안감도 높다. 비정규직까지 있다. 주당 30시간 이하면 후생연금 가입에서 제외된다. 동시에 현역 세대 중 미납자(330만 명)가 많아 무·저연금 사례 증가는 시간문제다.

정부의 관리 부실로 연금 기록이 누락되는 사건까지 발생했다. 보험료를 냈는데도 못 받을 수 있는 것이다. 납부자 확인 불가만 5,000만 건 이상이다. 연금은 신뢰가 기본인데 납부자가 낸 금액의 데이터가 누락되는 일이 발생한 것이다. 피해자는 주로 이직 경험자, 기혼 여성, 학생 납부자 등이다. 복잡해진 연금번호로 일괄 관리가 되지 못했기 때문이다. 일본의 현역 세대가 연금을 불신하는 이유다.

더 큰 문제는 지속 가능성이다. 부모 세대의 연금 급부를 지탱해주는 자녀 세대의 비용 부담에 균열이 생겼기 때문이다. 이는 상대적 박탈감에 기인한 노소 갈등의 대표적인 사례다. 원인은 수급 역전 탓이다. 보험료와 수급액의 상황이 역전된 것이다. 납부 대상자(청년 세대)는 주는데 연금 수령자(고령세대)는 늘어나니 재원 부족은 당연지사다. 이대로라면 고高부담·저低급여로 가뜩이나 박탈감이 심각한 청년 세대의 미래 수급은 불투명하거나 불가능해진다.

곳간을 채우자니 위험 수위에 달한 국가부채가 부담스럽다. 일본 정부가 연금 개혁에 사활을 건 배경이다. 사회 보장과 조세 개혁 차원에서 연금 구조의 대폭 수술은 불가피해졌다. 포인트는 연금

일원화, 무연금 · 저연금 대책, 고소득자 감액, 수급액 물가 반영 등이다. 하나같이 삭감 방향이다. 연금이 줄면 개인 차원의 대응책은 하나뿐이다. 평생 현역(근로소득)도 한계가 있으니 자산 축적에 나서거나 추가 연금을 확보하는 것이다.

그래서 나온 게 4층(개인연금)이다. 고령화가 빨랐던 탓에 개인연금도 한국보다 역사가 길다. 1980년대부터 그 필요성이 반복해서 강조됐다. 덕분에 40대의 경우 노후 자금 준비 방법으로 개인연금을 꼽는 이가 절반을 넘는다. 종류도 많고 내용도 다양하다. 개인연금은 장수 위험과 공적연금의 재정 불안이 부각되면서 급부상했다. 2002년 은행 창구에서 개인연금을 판매한 것도 확산의 계기가 됐다.

인기 상품은 변액형 · 일시불 보험으로 신규 계약의 약 60퍼센트를 차지한다. 가입 추세는 연령대와 비례한다. 퇴직금과 노후 자금을 사용해 거치식(한꺼번에 맡기는 형태) 개인연금보험에 가입하려는 수요가 증가하고 있다. 최근엔 청년 가입자도 조금씩 증가세다. 공적연금이 흔들리고 기업연금조차 운용 악화로 미래에 대한 기약이 힘들어져서다. 4층까지 준비될 때 비로소 종합 · 포괄적인 연금 생활자 확률이 높아진다는 인식에서다. 4층을 가입한 건수는 1,800만 건에 달한다.

다만 연금 불안도 만만찮은 상태다. 연금 선진국이란 타이틀에

심한 생채기를 낸 사건이 불을 지폈다. 2012년 일본의 한 운용대행사(AIJ투자고문)가 위탁연금 2,000억 엔 대다수를 날려버린 사건이다. 뜯어보니 사실상 사기에 가까운 도덕 불감증이 원인이었다. 낙하산 인사와의 뇌물·접대가 얽히면서 자랑했던 고수익이 모두 거짓으로 밝혀졌다. 인재였다. 피해자는 노후 자금을 맡겼던 기업연금 가입자였다. 가입·수급자 88만 명이 피해를 봤는데 중소기업 일부(84개사)만 해당돼 그나마 다행(?)이었다.

문제는 후폭풍이다. 불똥이 전체 연금으로 튀면서 그 우려가 현실이 되고 있다. "리스크는 알았지만 이만큼 마이너스인지 몰랐다"는 표현처럼 손실 사례도 봇물처럼 터졌다. 믿고 맡긴 '행복 노후'가 날아간 건 아닌지 연일 우려의 목소리가 증폭하고 있다. '연금=안전' 등식은 유명무실해졌다.

어쨌거나 연금 준비 시작해야 한다

그렇다면 한국은 어떨까? 갈 길이 멀다. 연금 시스템이 불안하고 준비 인식도 낮다. 이케아 세대를 비롯해 현역 세대가 특히 그렇다. 기금 재정의 불안정성이 불거지고 기초연금과의 연계 논란까지 일면서 일약(?) 세대 갈등의 진원지로도 변질됐다.

공무원·사학·군인연금처럼 차별적인 특수직 연금에 대한 상대적 박탈감도 아직 조정되지 않은 상태다. 물론 공적연금은 그 자체로 빈틈이 많다. '푼돈 연금'이란 놀림처럼 노후 안전망의 기대감이 낮은 이유다.

한국은 사실상 국민연금이 유일한 연금 소득이다. 1층뿐이란 얘기다. 실제 한국인 중 3분의 1은 국민연금에만 가입됐다. 그나마 구멍이 적잖다. 자영업자는 둘째 치고 비정규직 등 대기업 정규직이 아니면 연금 소득의 노후 의존도(소득대체율)가 극히 낮다. 그래서 최근 등장한 게 한국적 3층 연금 구조 캠페인이다. 이는 국민연금(1층), 퇴직연금(2층), 개인연금(3층)을 말한다. 은퇴 이후 자금줄이 될 3층으로 된 소득 보장 장치다. 이렇게 자발적으로 3층까지 준비하지 못할 경우 노후 난민으로 떨어질 개연성이 극히 높다는 게 통설이다.

현실은 녹록잖다. 1층은 급여 금액이 적고, 2층은 초보 단계며, 3층은 가입 여유가 없다. 이론적으로는 3층까지 중복해 안전망을 갖추는 게 최선이지만 현실은 '불안한 1층'에만 의존하는 게 일반적이다. 경기는 나빠지고 비정규직은 늘면서 3층의 누적 수혜자는 소수에 불과하다. 특히 최근의 변액보험 수익률 논쟁에서 목격되듯 민심 이반도 상당한 장벽이다. 1~4층의 일본조차 연금 한계와 노후 불안이 불거지는 마당에 3층마저도 구축되지 않은 한국의 앞날은 한층 부담스러울 수밖에 없다.

먼저 1층부터 보자. 국민연금은 요즘 이미지 변신에 성공했다. '국민연금의 8대 비밀'이란 문구가 인터넷을 달궜던 2000년대 중반에 비하면 격세지감이다. 기타 자산 수익률이 떨어지고 안전성이 부각되면서 국민연금은 인기 자산으로까지 떠올랐다. 임의가입 증가 추세가 그 증거다. 금액은 적어도 물가를 반영한다는 점에서 소득이 없는 전업주부를 중심으로 임의가입자가 늘어나서다(2009년 3만 6,368명에서 2011년 17만 1,134명).

다만 결론적으로 국민연금의 태생의 한계는 여전하다. 재정 파탄 문제다. 더 내고 덜 받는다는 것이 기본 명제가 됐다. 〈비즈니스 위크〉가 말한 "한국의 연금제도는 아시아에서 가장 취약한데도 와 해 여지에 대해선 모두 입을 다물었다"며 "빨리 손보지 않으면 재앙이 다가올 수 있다"는 진단(2005년)은 현재진행형이다. 기금 고갈은 갈수록 심화될 전망이다.

반대로 부담액은 증가세다. 지금은 2017년까지 12.9퍼센트 인상할 방침이지만 기금 고갈 우려가 확대되면 더 올릴 수밖에 없다. 반면 연금 지급률은 2029년까지 50퍼센트를 유지한 후 40퍼센트로 다운시킬 계획이다. 특히 빈곤층의 경우 소득 증가보다 세금·연금 증가 속도가 더 빨라 체감 부담이 높다. 월급쟁이도 마찬가지다. 이런 점에서 국민연금은 최소한의 연금 장치다. 상황이 이렇다면 역으로 노후 준비는 한층 치밀해질 필요가 있다.

대안은 2층과 3층이다. 2층(퇴직연금)은 국민연금의 보릿고개를 넘기에 좋다. 30대라면 국민연금 수급 연령이 65세다. 그런데 퇴직연금은 55세부터 받을 수 있다. '마의 10년'에 대비할 수 있다. 특히 65세 국민연금 수급 연령은 추후 더 늦춰질 가능성이 충분하다. 때문에 2층에 대한 보다 적극적이고 시급한 가입 확산이 필수다. 시간이 없다는 점에서 3층은 2층과의 동시 진행 과제다.

3층은 연금 구조의 마침표로 2층의 급여 생활자가 아니라면 개인연금은 꼭 필요하다. 개인연금은 크게 3가지다. 판매 기관별로 연금저축신탁(은행), 연금저축펀드(증권), 연금저축보험(보험) 등이 있다. 내용은 비슷하다. 은행은 사업비가 감안되는 보험보다 수익률이 좋고 최저 이율을 보장해줘 안정성이 높다. 연간 400만 원 한도에서 납입액 전체를 소득공제 해준다. 다만 10년 이상이 가입 조건이다. 보험은 종신·일시 선택 등 수령 방법이 다양한 게 장점이다. 변액연금은 운용 성과에 따라 보험금이 오락가락하는 형태다. 손실 확률이 있지만 확정금리보다 고수익이 가능하다.

주의할 건 리스크다. 50대 이후라면 즉시연금을 고려해보자. 개념이 좀 다르지만 주택연금(역모기지)도 개인연금이다. 3층의 공통적인 추천사는 조기 가입이다. 일찍 가입해 늦게 받으면 복리효과를 누려서다.

공존을 위해 남은 시간

한국도 이제 100세 시대에 접어들었다. 늙어가는 속도와 범위는 일본보다 더 심각하다. 준비 상태가 열악한 건 불문가지다. 4층으로 된 연금 구조를 갖춘 일본조차 '노후 불안'은 심각한 문제로 부각된 지 오래다. 사실상 1층만이 기능하는 한국으로선 듣도 보도 못한 이슈다. 그래서 열도의 연금 뉴스는 한국에 가십거리일 뿐이다.

그래선 곤란하다. 없다고 바다 건너에서 웃을 일이 아니라 없기에 더 불안감을 느끼는 게 현명하다. 일본을 웃도는 위기의 징후는 지금 성큼성큼 한국으로 다가온다. 고무적인 건 2층과 3층을 둘러싼 최근의 인식 개선이다. 3층 연금 시스템을 안착시키려는 노력이다.

과연 우리의 이케아 세대는 훗날 일본 노인처럼 스포츠카를 타고 별장에 다니며 여유롭게 골프를 칠 수 있을까? 매달 꽂히는 연금 소득만으로 생활 걱정 없이 백화점을 들락날락할 수 있을까? 돈이 들지 않으니 상상만으로 기쁘다. 하지만 현실은 냉정하다. 그리고 그 확률은 극히 낮다. 이케아 세대라면 연금 함정에 빠질 우려가 훨씬 크다. 모두가 공존할 수 있는 제도 개혁 없이 지금 이렇게 시간만 흘려보낸다면 헛된 공상, 백일몽白日夢일 게 확실시된다.

직장인 수난시대

"하나의 유령이 떠돌고 있다. 한국에 양극화라는 이름의 유령이….”

《공산당 선언》(1848년)의 첫머리를 현대 한국의 현실에 빗대 단어를 바꿔봤다. 《공산당 선언》은 "하나의 유령이 떠돌고 있다. 유럽 전역에 공산주의라는 이름의 유령이…”로 시작한다. 이때 유령은 공산주의다. 이 유령을 처단하려 기득권 세력이 신성동맹을 결성했고, 이게 되레 공산당의 세력화를 인정하고 또 독촉하는 계기가 됐다.

한국은 이제 확실한 양극화사회다. 인정하지 않을 수 없을 만큼 견고하게 퍼졌다. 부정하고픈(?) 사람들로선 충분히 불편하고 당혹스럽다. 양극화의 충격이 유령처럼 한국사회에 내려앉았다. 이를 인정하고 대화의 무대로 불러내 해법 모색에 나서지 않는 한 150년 전 유럽의 정치권력이 후회했던 것처럼 유령의 그림자에 굴욕을 당할 수 있다.

선명해지는 승자와 패자

양극화사회의 연출 흐름은 무차별적이고 동시다발적이다. 좀 심하게 보면 사회 전체가 양극화 천지다. 웬만한 문제나 갈등에 '양극화'란 수식어만 붙이면 자연스레 설명된다. '빈부 격차'니 '분배 갈등'이니 '빈부 확대'니 하는 이슈의 근본 성격이 양극화로 갈무리된다. 가령 고용 형태로는 정규직과 비정규직의 간극이 넓다. 이게 소득 격차로 연결됨은 물론이다.

게다가 남녀 차별은 또 어떤가? 다양한 모습으로 성별 격차가 확대되는 기조다. 성별을 둘러싼 임금·고용 형태·인사제도 등 모두 차별적이다. 어디에 사는가도 또 다른 격차 이슈다. 도시와 농촌都農의 격차다. 도시와 농촌은 많은 게 다르다. 나아가 대기업과 중소기업, 수출과 내수에서도 격차는 골칫거리다. 선택받은 수출·대기업만 화려할 뿐 나머진 전전긍긍하는 신세다.

양극화는 사실 인간사에서 불가피한 측면이 있다. 일찌감치 성적순에 따라 일등만 대접해주고 나머진 들러리 신세다. 사회에선 그 대상이 무엇이든 줄을 세우는 데 익숙하다. 순위 매기기다. 특히 언론에서 관심이 많다. 비교는 불행의 씨앗이라지만 어쩌겠는가? 그게 인간의 본능인 것을. 등수가 정해지면 자연스레 승자·패자는 굳어진다. 승자는 지키고자, 패자는 넘고자 무한경쟁을 독려받는다. 적자생존에 성공하면 그 다음 룰은 승자 독식이 적용된다.

이쯤에서 한국의 '양극화'와 일견 유사한 '격차사회'라는 단어가 회자 중인 일본에서 사전적 정의를 살펴보자. '어떤 기준을 갖고 인간 사회의 구성원을 계층화할 때 그 계층 간의 격차가 크고 계층 이동이 곤란·불능한 상태가 존재하는 사회'다(일본 위키피디아, 검색일 2013.10.23). 사회적 지위 변화가 어렵고 사회 이동이 적어 폐쇄성이 강한 경우다. 즉 사회 구성원의 평등·균질성이 약화·상실된 사회다.

이 말이 주목받기 시작한 것은 1990년대 중반 이후다. 취업난·비정규직·프리터 등 청년의 몰락에 대한 경고와, 한편에서 집중 조명을 받은 부유층·벼락부자·셀러브리티Celebrity 등 부자 지향이 공존함으로써 불거졌다. 동일 시대에 전혀 다른 삶의 조명에 주목했다.

이에 힘입어 격차사회란 말은 2006년 10대 유행어 중 하나로 선정됐다(자유국민사). 2004년 '패한 개負け犬'와 2005년 '부유층富裕

層'이 각각 선정된 것에 미뤄 짐작하면 뒤이어 '격차사회'가 왜 뽑혔는지 추론이 가능하다. 처음엔 사회경제적 침체 압박이 야기한 패자 그룹의 위기감과 대안 모색이 중시됐다. 2000년대 이후 급속히 도입된 무한경쟁·능력 본위의 룰에서 밀려난 하류 인생에 대한 위로였다. 그런데 알고 보니 한쪽에선 부자·고급·명품의 키워드가 더 유행하고 있었다. 기존 질서에 순응하며 거액을 벌어들인 벼락부자의 탄생이다. 그 다음이 유행어 '격차사회'의 탄생임은 두말할 필요가 없다. 적잖은 이들이 스스로를 패자·하류로 봤다.

다윗의 돌멩이마저 빼앗다

그렇다면 한국은 어떨까. 굳이 일본의 사례를 꺼낸 것은 그 비교 잣대로 한국도 격차사회가 심각해서다. 그럼에도 일본처럼 사태 해결을 위한 공론화가 떨어지는 것 같아 더 안타깝다. 일본은 1970년대에 이른바 '중산층 1억 명 사회'를 내걸었다. 인구 전체의 중산층 의식이다. 큰 편차 없이 다들 중산층의 삶을 산다는 자신감의 표현이었다. 1973년에는 '복지 원년'을 선언했고 기업은 교육비·의료비·주거비·노후비 등을 알아서 챙겨줘 훗날의 걱정거리를 상당 부분 희석시켜줬다.

이렇게 일찍부터 준비한 일본사회도 최근 '격차사회'의 최전방 국가로 전락했다. 최근 20여 년 동안 탄탄했던 중간계층이 분화되기 시작했는데, 가뭄에 콩 나듯 동아줄을 타고 올라간 이도 있지만 절대 다수는 아래로 향했다. 재도전의 기회조차 기능 부전에 빠졌다. 원인은 크게 하나다. '고도성장 → 감축성장'과 함께 '저출산·고령화'의 인구 변화가 맞물린 결과다. 경제적 축소 압박 속에 그나마 한정된 재원은 기득권으로 더 집중되는 반면에 이렇다 할 승리 요건을 갖추지 못한 절대다수는 주변부의 하층민으로 흩뿌려졌다.

한국의 양극화사회는 일본보다 심하면 심했지 못하지 않다. 중산층은 심히 약했고 기업 복지마저 일찌감치 와해된 한국은, 그럼에도 불구하고 일본보다 적자생존·승자 독식의 냉엄한 게임 법칙을 더 일찍 광범위하고 깊숙하게 받아들였기 때문이다. 고도성장 땐 그나마 골리앗을 이겨낸 다윗의 성공신화가 존재했지만 지금은 어디에서도 기대하기 힘들어졌다. 등판과 함께 실점 예약이 불가피한, 심히 불공정·불평등한 정글 게임만 펼쳐질 뿐이다.

'노인 지배·청년 증발'은 격차사회의 상징으로 손색이 없다. 감축성장은 기존 질서를 움켜쥔 기득권 세력에게 독점·선점의 힘을 강화시킨다. 독점(과점)기업이 자본력과 시장 장악력을 무기 삼아 후발주자의 진출을 허락지 않는다. 이들은 다가올 후속 세대의 영지 확보를 좁히고자 상상 이상의 진입 장벽을 교묘하고 철저하게 구축할 수밖에 없다. 좀 과장하면 중세시대 장원처럼 젊은 세대가 시골 주변부에서 꼬박꼬박 세금을 내는 우민愚民이길 원한다. 또 이들이 집단행동으로 반항하지 않도록 길들이는 방법은 나날이 세련돼간다.

모두를 위한 정치란 존재하지 않는다. 기대해선 곤란하다. 특정 선택은 필연적으로 구심력과 원심력을 동시에 발휘하기 때문이다. 정부의 정책이 그렇다.

저성장·고령화 추세 속에 재원마저 악화된 한국사회에선 찬반이 뜨거울 수밖에 없다. 그리고 그 주도권은 늘 그렇듯 기득권 세력이 움켜쥔다. 《왜 우리는 불평등을 감수하는가》(지그문트 바우만 지음, 동녘)란 책은 이를 명확하게 정리한다. 자본주의·개인주의화된 소비사회에서 이익계층은 정해져 있다는 논리다. 불평등의 희생자도 마찬가지다. 이익계층이 교묘하게 설정해 선전하는 거짓 믿음을 내세워 불평등을 받아들일 뿐 아니라 심지어 이를 옹호하고 살아갈 것을 유도한다는 얘기다.

30세가 넘은 신입사원

노인을 포함한 선배 그룹은 두 자릿수에 가까운 인플레 시대에 현역 시절을 보냈다. 매년 물가상승률 이상이 자동적으로 반영되는 월급을 받으며 인생의 그림을 그려나갔다. 이자 부담은커녕 사두면 오르는 부동산은 또 다른 기쁨을 안겨줬다. 일부만의 전유물이 아닌 건 물론이다.

한편 이케아 세대가 첫 출발을 끊은 청년 세대는 다른 시대를 살아왔고 또 사는 중이다. 위기와 불황이 전부이자 상식인 줄 알았다. 사회 진출과 함께 해고의 담장을 걸으며 그나마 푼돈일지언정 주어지는 월급에 고개를 숙인 최초의 세대다. 회사 취직을 위해 고학력의 놀랄 만한 스펙을 갖췄지만 정작 쓸 곳은 별로 없는 시대와 만났다. 이들에게 1인분 인생과 함께 미래를 위한 계획은 사치에 가깝다.

저성장·고령화가 반영된 노소 갈등의 경제적 격차 현상은 최근 첨예하게 불붙은 일자리 경쟁에서 우선 찾아진다. 취업 경쟁이다. 외환위기·금융위기를 거치며 밥그릇 싸움은 꽤 치열해졌다. '졸업 → 취업'의 고도성장 적용 논리가 이케아 세대를 필두로 깨지기 시작했기 때문이다. 저성장으로 고용 총량이 줄어든 결과다. 총량 감소만큼 경쟁은 거세진다.

그래도 일자리 세대교체가 이뤄지면 숨통은 적으나마 열린다. 갈등은 여기서 증폭된다. 퇴직 출구가 멀어진 결과다. 일자리를 떠나지 않으려는 선배 세대의 증가다. 물러날 수 없는 노후 불안의 결

과다. 연금 수령은 불안하고 아파트는 대출이 남았으니 일을 그만
둘 수 없는 노릇이다.

충격은 고스란히 2030세대에 전가된다. 총량 감소분을 이들에
게 적용함으로써 그들은 일자리 기득권을 지켜냈다. 60세 이상 고
용률 39.1퍼센트의 힘이다(고령 취업은 2000년 211만 명에서 2010년
300만 명으로 늘어났다). 일을 관두는 실질 연령도 69.6세로 OECD
평균(63.5세)보다 높다. 반면 20대는 태반이 취업 준비다. 신입사원
평균 연령이 30세를 넘겼다(전경련)는 통계도 있다. 이케아 세대는
좀 낮지만 20대 임금 근로자의 절반은 비정규직이다.

집을 살 능력도 의지도 없다

이들의 분노와 좌절은 처절하다. 단군 이래 최고 학력인데 일자리
가 없어 난리다. 생색뿐인 일자리 나누기Work Sharing는 되레 인턴사
원 등 비정규직을 공식화했고, 고통 분담 차원에서 이케아 세대들
의 임금이 깎여나갔다. 그나마 일부 대기업·공기업은 흉내라도 냈
다. 나머진 묵묵부답이다. 기득권 세력의 이기주의는 그만큼 공고
했다.

이제 청년이 나섰다. 소리 없는 복수다. 취업 포기다. 100만 명

(2010년)에 육박하는, 배우지도 일하지도 않는 15~34세의 청년 니트*족이 대표적이다. 뿐만 아니다. 일도 없고 돈도 없어 부모에 기생하는 캥거루족도 청년 역습의 하나다. 일하는 부모에 얹혀살고 나이마저 먹어가지만 포기 단계를 넘어서면 답답한 건 오직 부모뿐이다. 고용 총량마저 줄었으니 실업자 자녀를 먹여 살리려면 힘닿는 데까지 일할 수밖에 없는 부모 신세다.

주거지, 요컨대 집은 또 다른 양극화의 진원지다. 부자 부모를 만나지 않고, 벼락부자의 길에서 비켜섰다면 청년 세대의 내 집 마련은 사실상 불가능하다. 서울 · 수도권에서 차츰차츰 밀려나지 않으면 다행이다.

직장 경력이 좀 되는 ±35세의 이케아 세대조차 대출 없는 내 집은 불가능하다. 아등바등해봤자 집은커녕 대출 받아 방조차 빌려 써야 할 처지다. 평균 5억 3,000만 원(서울, 2013. 8)이니 1분위(145만 원) 소득자라면 368개월이 걸려야 겨우 산다. 최근 집값이 좀 떨어졌다지만 그림의 떡이다. 짝을 찾아도 살 곳이 마뜩잖으니 결혼은 난제일 수밖에 없다. '소유'에서 '사용'으로 생각을 바꾸자는 움직임에 힘이 실리는 이유다.

● NEET: Not in Education, Employment or Training, 학생도 직장인도 아니면서 그렇다고 구직 활동도 하지 않는 무리.

'취업 성공 → 월급 상승 → 장기 고용'이 지속됐던 고도성장 때 집은 누구나 꿈꾸는 희망 스토리였다. 지금처럼 비싸지도 않았을뿐더러 불어나는 월급 통장과 탄탄한 직장 환경은 빚을 지고서라도 집을 사도록 응원했다. 사두면 오르니 누구든 뛰어들 수밖에 없었다. 그렇게 대부분 자산 증식에 성공했다. 쟁여둔 현금은 없어도 늙어 의지(?)하려고 했던 집 한 채는 남았다. 비록 가격 하락으로 힘들긴 해도 믿음직한 최후의 보루인 건 분명하다.

이제 시대는 변했다. 집의 소유권 이전 행진은 멈췄다. 이어받기의 거부는 이케아 세대가 주도했다. 의도적인 역습은 아니다. 30대 중반인 이들조차 대부분 돈도 없거니와 빚을 질 상황이 아니니 자연스레 집을 떠나보냈다. 즉 고공 행진하던 집값은 이를 받아줄 후속 세대의 부재와 맞물려 폭탄 돌리기의 끝자락에 와 있다. 베이비부머 등 50~60세의 탐욕은 후속 세대에게 주거 공포를 안겨줬을 뿐 아니라 스스로에게도 자충수가 됐다.

다만 이들은 집단 파워를 장악한 세력답게 집 폭탄을 떠넘기려고 안달(?)이다. 후배들이 받아줘야 속 편히 은퇴 자금을 확보할 수 있어서다. 일단은 시간 끌기에 나섰다. 가령 낮은 은행 이자는 전셋값의 상승을 불러왔고 집주인들은 월세를 늘려 직격탄을 피했다.

이젠 이들 집을 후배 세대가 넘겨받도록 할 유도장치(?)가 필요해졌다. 폭탄일지언정 예쁘게 분칠할 뿐만 아니라 구입비용을 낮쳐주고자 금융기관·언론과 협공에 나섰다. 작정만 하면 구매를 부추기는 방법은 얼마든 있다. 그리고 그 상대는 ±35세의 이케아 세대가 유력하다. 그럼에도 정작 이케아 세대는 집을 살 의지도 능력도 없다.

"우리 때는 은행 이자가 33퍼센트였지"

재테크로 통칭되는 자산 운용의 성공 전략도 이케아 세대를 분기점으로 설명력을 잃었다. 시대가 달라진 것이다. 선배 세대는 인플레 시대의 고금리 수혜를 현역 시절 전체에 걸쳐 폭넓게 받은 반면에 후배 세대는 이제 디플레(경기 침체+물가 하락)를 걱정해야 할 만큼 성장의 활기를 잃은 시대를 살아내야 할 판이다. 3~4퍼센트 성장률이라도 감지덕지하는 시대다. 인플레에 익숙한 한국 경제로서는 조만간 닥칠지 모를 디플레 우려마저 적잖다.

'인플레에서 디플레'로의 조짐은 자산 운용의 즐거움을 단번에 꺾어버렸다. 월급 받아 이리저리 떼고 나면 저축조차 힘들 판이다. 그래도 불안해서 적든 많든 저축은 최우선 고려사항이다. 솔로여도 혹은 커플이어도 자녀 양육·교육비 부담은 없지만 앞날이 불안하긴 매한가지다.

시중 이자는 실망스럽다. '고금리'란 단어는 사라질 찰나다. 저금리가 계속되면서 2퍼센트대 후반이 보통이다. 은행이 아니면 주식·펀드·부동산인데 이케아 세대에게 이들 위험자산은 낯설다. '경기 침체 → 실적 악화 → 주가 부진' 탓에 기대수익률조차 마뜩잖다.

성장시대를 살아온 기성세대는 달랐다. '고성장=고금리' 등식에 충실하게 1990년대 중반까지 30년 이상 화려한 돈 잔치를 즐겼다. 또 그 덕분에 성장(저축→투자)할 수 있었다. 평균적으로 은행 이자만 매년 10퍼센트 이상 안겨줬다. 맡기기만 하면 저절로 큰돈이 돼 되돌아오니 저축하지 않을 이유가 없었다. 일례로 근로자의 재산 형성과 자금 흡수를 위해 고안된 재형저축은 1980년대 초반 무려 33.5퍼센트의 이자를 안겨줬다.

손쉬운 재테크였다. 주식처럼 위험자산에까지 보폭을 넓혔다면 기업 성장의 과실을 그대로 움켜쥘 수 있었다. 부동산 불패신화도 이렇게 생겨났다. '월급 저축 → 만기 도래 → 주식(부동산) 구입 → 자산 축적'의 논리 가동에 재테크 기술 같은 것은 필요 없었다. 그나마 자산 가치가 아직 미미한 상황이었던지라 단기간에 은행 적금만으로도 아파트를 살 수 있었다.

소외시켰더니 떠나버렸다, 절약의 역설

아쉽게도 후속 세대는 이제 역사책 속에서나 '고금리'를 만나게 됐다. 둘러보면 묻어서 돈 될 만한 투자 대상은 거의 없다. 게다가 투자자산의 값어치는 선배 세대의 견제로 접근 불능의 수준에까지 이미 튀어버렸다.

이케아 세대는 어떻게 해야 할까? 일단 투자시장과의 결별이 불가피해졌다. 하기야 종잣돈마저 없으니 이걸 다행(?)이라 여겨야 할 판이다. 자산 소득을 원한다면 '찔끔찔끔' 뿐이다. 기대수익의 눈높이를 낮출 수밖에 없다. 저성장·고령화의 선두 국가 일본처럼 위험자산은 나이 지긋하고 지갑이 두툼한 일부 세대만이 지닐 뿐이다.

후속 세대가 자산 운용과 결별한다고 금융(자본)시장이 망하지는 않는다. 어차피 가진 자들의 판이니 소액은 껴주지도 않는다. 다만 미래는 밝지 않다. 제로섬 게임 무대에서 새 피가 수혈되지 않으면 언젠가는 폐색 증상이 나타날 수밖에 없다. 청춘 세대가 주식을 경험하지 못하고 돈조차 없어 세계 3대 금융시장 중 하나인데도 불구하고 소외되고 있는 일본의 주식시장처럼 한국 증시도 그 뒤를 따를 수 있다. 금융시장에서의 청춘 증발이 낳은 또 다른 역습 중 하나다. "소외시켰더니 떠나버렸다"는 기성세대의 아쉬움(?)

은 훗날 증명될 터다.

　대신 이케아 세대가 선택한 전략은 철저한 생활 방어술이다. 한 푼, 두 푼 아껴서 모으는 원시적 방법으로의 본능적인 회귀다. 인플레 이후 잊고 있었던 절약 본위의 소비 지출이다. 값비싼 가구 대신 이케아 가구에 만족하고, 명품 또는 백화점 기성복 대신 자라나 유니클로를 입는 식이다. 고가의 백화점 수입화장품 대신 미샤나 이니스프리 같은 로드숍 제품을 구입한다. 합리적 선택이지만 속사정은 낮은 경제력 때문이며 장기적으로는 청춘 세대의 복수다. 요컨대 절약의 역설Paradox of Thrift이다. 없어서 못 쓰기도 하지만 있어도 아껴 저축하면 경제 전체에는 되레 소비 감소·소득 감소의 결과를 초래해서다. 가뜩이나 성장의 활력이 떨어진 와중에 소비시장마저 주춤하면 저성장은 한층 심화된다.

윗세대의 실수

저성장·고령화의 패러다임 전환과 맞물려 세대 간 격차를 확인할 수 있는 항목을 일자리, 집, 재테크 3가지로 살펴봤다. 물론 이 밖에도 세대 양극화의 대결 무대는 셀 수 없이 많다. 사회 갈등이 자리 잡는 지점이면 거의 예외 없이 세대 격차가 위치한다고 볼 수 있다. 그리고 그 양상은 독점·선점의 기득권 세력과 소외·이탈의 후속 세대로 갈무리된다. 특히 세대 문제인 까닭에 후속 세대의 비켜서기는 필연적으로 선배 세대(국가 전체)의 지속 가능성을 훼손시킨다. 이어달리기처럼 자연스레 받아줘야 유지될 텐데 그게 단절되기 때문이다.

이런 점에서 기성세대는 오판했다. 그들의 생존법은 곧 스스로 옭아매는 자충수가 될 처지다. 산 정상에 올라 싸들고 간 푸짐한 음식으로 경치를 즐기며 뒤풀이를 벌였지만 정작 하산을 원할 때 내려올 수 없는 신세로 전락한 것이다. 처음엔 차근차근 올라오던 후배들에게 음식 갹출(연금)을 시켰는데 곧 짜증을 내고 대들기까지 한다. 타고 내려갈 케이블카는 운행을 멈췄다. 집단으로 한 몸이 돼 혼을 내긴(선거) 했지만 그 찜찜함은 감출 수 없다. 산 밑에서 웅성대는 일군의 젊은 인구 집단이 노인 부양을 거부한 채 등산 자체를 포기하고 흩어지고 있어서다.

이케아 세대의 복수는 한국 경제 자체를 뒤흔드는 위기의 씨앗이다. 지금이야 '못난, 어린' 놈들의 치기 어린 일부 행위로 평가절하며 모른 체하고 싶다. 하지만 안타깝게도 뇌관이 터질 시간은 저벅저벅 다가온다. 인구 통계를 봤을 때 그 위기의 시간은 생각보다 빠를 게 불을 보듯 뻔하다. 게다가 이들의 광범위하고 동시다발적인 기존 질서에 대한 편승 거부는 이미 소리 소문 없이 시작됐다.

의도하지 않은 본능에 가까운 선택이기에 확산 속도도 빠르다. 그
게 자기 파괴적인 소외에 그칠지 또는 사회 전체를 향한 복수가 될
지 귀추가 주목된다.

이케아 세대는
어떻게 늙어갈까?

2040년 12월 24일. 나이를 먹어도 설렐 수밖에 없는 크리스마스 이브다. 구름이 잔뜩 낀 게 곧 눈이라도 내릴 듯하다. 괜히 뭐라도 해야 할 것 같다. 빨리 누군가에게 전화해 근사한 저녁식사 약속을 잡고 싶은 충동에 일이 손에 잡히지 않는다. 그렇다고 사무실 식구들과 매일 같은 저녁을 하고 싶진 않다. 나이가 많아서인지 세대 차이 때문인지 업무가 아니면 대화가 잘 끊긴다. 물론 비슷한 연령대의 동료가 있지만 이런 날 가족 이벤트를 방해할 생각은 없다.

나는 올해 나이 62세다. 1978년 태어났으니 환갑은 벌써 지나갔다. 말이 환갑이지 나 홀로 없는 듯 해치워버렸다. 잡지사 편집장이다. 중간에 경력이 좀 끊기긴 했지만 24세 때 언론사 편집부에 입사한 후 줄곧 비슷한 일을 해왔다. 젊은 시절 회사는 여러 번 옮겼다. 이 회사는 오너와 친분이 있어 10년 전부터 합세했다. 워낙 익은 일이라 업무가 벅차지는 않다. 월급은 많지도 적지도 않다. 그래도 계속해 일할 수 있을 것 같아 괜찮다.

데면데면한 오빠를 빼면 가족은 없다. 남편과 자식이 없다는 얘기다. 물론 애초부터 없었다. 연애는 숱하게 했지만 결혼 상대는 만나지 못했다. 남편 인연은 나이 40을 훌쩍 넘기고서야 비로소 포기했다. 그래도 마흔 초반까진 기대를 버리진 않았었다. 사귄 상대는 여럿 있었다. 지금 생각하니 약간의 용기와 결단이 모자랐던 것 같다. 결혼을 안 할 생각은 결코 아니었다. 되레 나이가 들면서는 결혼을 전제로 만난 기억뿐이다.

시간은 참 빨랐다. 우왕좌왕하는 새 이렇게 됐다. 환갑이 지났건만 아직도 웨딩드레스를 입어보지 못했다. 기왕지사 이렇게 된 거 후회는 없다. 짝을 이뤄 가족까지 구성한 친구를 보면 솔직히 부럽지만 그 나름대로 또 고민거리가 적잖아 인생은 꽤 공평한 것 같다. 퇴근 이후나 주말엔 영화 · 뮤지컬을 빠짐없이 챙겨보며 시간을 보낸다. 꿈은 세계일주다. 밋밋하게 크루즈 타고 발만 딛고 오는 게 아니라 적어도 며칠씩 보내는 진짜 여행 말이다.

물론 앞날이 두렵다. 지금이야 건강하고 돈을 버니 괜찮지만 앞으로는 내리막길일 수밖에 없다. 살아보니 가족이 있다는 건 큰 힘이었다. 결국 나는 스스로 지켜낼 수밖에 없다. 적어도 돈이 없어 불행을 자초하고 싶지는 않다. 이젠 뉴스거리조차 되지 않는 인생 후반전의 고독사孤獨死만큼은 피하고 싶다. 괜히 친구들과 애써 만나고 우스갯소리로 내 훗날을 챙겨달라는 속내를 비출 수밖에 없다.

그나마 많진 않지만 돈은 좀 모아둔 게 있다. 늙고 아프면 효자가 없다지만 나에겐 흔하디흔한 자식조차 없기에 믿을 건 돈뿐이다. 한 40년 직장생활이 가져다준 유일한 선물이다. 나름 보험과 개인연금을 묵직하게 들어놓았고, 적성에 맞진 않지만 주식과 펀드에도 일부 재산이 있다. 낭비하지 않았고 그럴 수도 없었기에 돈이 좀 쌓인 것 같다. 밑 빠진 독에 물 붓기라는 애들이 없고, 집조차 작은 평형에 가볍게 옮겨 다니는 방향을 택했다는 점도 지출 억제에 기여한 것 같다. 죽을 때 흑자(?)가 날 것 같다. 기부라도 할까 생각 중이다.

그래도 불안하긴 매한가지다. 집을 또 옮겨볼까 한다. 사실상 거의 유일한 끈인 싱글 친구들과 가까운 곳으로 말이다. 지금은 서울 도심의 작은 아파트에 산다. 월세다. 좀 비싸지만 출퇴근 때 시달리는 걸 생각하면 어쩔 수 없다. 자동차로 출퇴근하는 것도 여전히 자신이 없다. 무엇보다 근처에 문화공간을 비롯해 괜찮은 쇼핑몰이 있어 맘에 든다. 그런데 친구가 없다. 가족을 꾸린 친구 대부분은 이미 서울 도심을 벗어난 지 오래다. "일찌감치 쫓겨났다"고 한다. 막

대한 집값 때문이다.

요즘 쏠쏠하게 재미난 건 이런 친구들과의 주기적인 만남이다. 환갑을 맞아 동창회가 붐을 이뤘었는데 그때 잊었던 친구와 재회할 수 있었다. 비록 40~50년을 다른 공간에서 살아 익숙하진 않지만 어린 시절 얼마의 기억만으로 '친구'는 재가동됐다. 5명에 2명 정도는 나처럼 솔로다. 이혼했든 사별했든 아니면 나처럼 원래부터 혼자였든 말이다. 특히 이 친구들과 무리를 지어 차를 몰고 떠나는 여행은 새로운 자극제로 충분하다. 자동차 한 대로 대한민국 곳곳에 못 갈 곳이 없다. 다녀 보면 중·고령 여자들만으로 구성된 여행 그룹이 적잖다.

과거로의 추억 여행은 어린 직원들의 잔뜩 고무된 눈 소식에 자연스레 마무리됐다. 그렇다. 올해는 근래에 보기 드물었던 화이트 크리스마스다. 티는 내지 않지만 한껏 설렌다. 그냥 얌전하게 집에 가지는 못 할 것 같다. 개인 휴대폰을 들고 주소록을 띄운다. 친구목록에 들어가니 달랑 25명뿐이다. 업무 상대는 많아도 친구가 이 정도뿐이란 게 새삼 놀랍고 실망스럽다. 벌써 이렇듯 외롭지만 당당하게 살아온 지 40년 인생이다. 통화음이 끝나고 목소리가 들린다. 여러 고민 끝에 고른 오늘 밤과 가장 어울릴 것 같은 대학 친구다.

그녀는 돌싱(돌아온 싱글)이다. 결혼 몇 년 만에 고부 갈등이 불거져 일찌감치 헤어졌다. 독자였던 남편을 두고 시어머니의 지나친

간섭과 과도한 애정이 늘 그녀를 겉돌게 만들었다. 노총각 아들이라는 주변의 시선을 의식한 시댁이 결혼을 서둘렀다. 남편 나이 37세 때의 일이다. 정작 남편도 등 떠밀려 결혼식장에 들어갔다고 고백했다. 하고 싶은 일하며 혼자 속편하고 간단하게 살고 싶었다는 얘기다. 결국 원치 않는 삶일 수밖에 없었다. 다행히(?) 애는 없다.

"뭐하니?"

"뭐하긴 눈 보면서 휴대폰 만지작거리지."

"청승 떨지 말고 나와. 멋진 곳에서 저녁이나 먹자."

"고마워. 우린 늙어도 서로 힘이 되고 살자."

독거노인의 증가는 사회 몰락의 시작이다

30여 년 후 맞이할 이케아 세대의 환갑은 지금의 환갑과 꽤 많이 달라질 것이다. 사회 구조나 경제 사정의 환경·인식·제도·전망 모두 달라질 수밖에 없다. 전체적인 이미지는 조용하며 무겁고 어두울 확률이 높다.

비단 환갑만이 그런 건 아니다. 인생 60 이후면 정도의 차이는 있을지언정 대부분의 삶이 무채색처럼 가라앉을 전망이다. 지금처럼 보기조차 안쓰러운 노인 그룹의 확대 지향적인 생존경쟁은 줄

어들 것이다. 어떤 점에선 서유럽처럼 안정적으로 보이기도 할 것
이다.

2040년 한국은 세계 2위의 고령국가에 올라선다.[*] 노인 인구(65
세 이상)는 이케아 세대가 불혹의 한가운데에 도달할 2025년 1,000
만 명을 넘긴 데 이어 2040년 1,650만 명까지 늘어난다. 인구 10명
중 3명 이상이 노인(32.3퍼센트)에 해당한다. 이 비율은 장수대국 일
본(34.5퍼센트)의 턱밑까지 닿는 수치다.

평균 연령은 50세에 기대수명은 86세로 증가한다. 합계출산율
은 1.42명으로 다소 늘어난다.[**] 인구 증가는 아니다. 가임 여성 자
체가 줄어들어서다. 잠재성장률은 1퍼센트대로 떨어진다OECD. 저
성장의 고착화다. 2050년이면 0.1퍼센트로 사실상 성장 정지 국면
에 들어갈 전망이다.

2040년 환갑을 막 지난 이케아 세대는 아직 현역이다. 재정 압
박을 덜고자 정부가 공적연금 수급 연령을 더 늘려 적어도 70세는
돼야 받을 수 있기에 일하지 않을 수 없다. 보험료(보험)를 더 거두
기에도 정년 연장이 제격이다. 기업은 정년 연장에 적극적으로 호
응해 평생 현역조차 흔해질 판이다. 비정규직이지만 장기간 일할

● '2013년 고령자 통계', 통계청, 2013.
●● '우리나라 인구문제 현황과 정책과제', 한국보건사회연구원, 2013.

수 있어 노후 압박을 피할 수 있다. 다만 경제성장이 관건인데 이게 꽤 부정적이다. 파이가 커지지 않으니 질 좋은 일자리는 줄어들 수밖에 없다. 근무공간에는 외국인도 많아진다. 노동력 부족의 고착화다.

1인 가구는 훨씬 늘어난다. 의도적인 가족 분리가 곳곳에서 펼쳐진 결과다. 1980년 4.8퍼센트였던 1인 가구는 2013년 25.3퍼센트를 넘어 2040년 거의 절반에 달할 전망이다. 독신, 사별, 이혼 중 애초부터 혼자 살아가는 삶을 고른 비혼자가 늘어난 덕분이다. 이렇게 되면 사회 구성 · 운영의 패러다임은 변할 수밖에 없다. 소비시장도 바뀌고 주택 형태도 변한다.

특히 늙은 1인 가구, 즉 독거노인의 증가는 사회 몰락의 출발점이다. 지금의 이케아 세대처럼 스스로 노후 인생을 책임지려는 자발적인 은퇴 준비가 지금보다 훨씬 정밀하고 일반적으로 진행되겠지만, 그럼에도 절대 빈곤의 상처받은 인생은 사회가 도맡을 수밖에 없어서다. 재정 압박은 풍선처럼 부풀어 오를 것이다. 가족조차 없이 늙어가기에 사적 이전(가족 부양)은 기대 불가다. 복지 지출의 구성비가 가뜩이나 노인 위주로 편성 · 재분배돼 왔기에 2040년 정도면 빚으로 빚을 막는 채무 불이행 사태로까지 전락할 수 있다. 그 다음은 국가부도다.

1인분 인생에서 2인분, 4인분 인생으로

이케아 세대는 은퇴 난민이 될 유력한 예비군들이다. 고학력·저임금의 구조적인 압박 속에서 그들이 선택할 수밖에 없었던 결혼·출산 카드의 포기는 훗날 스스로를 옥죄는 난민 티켓으로 되돌아올 가능성이 높다. 인생 후반기에 미끄럼틀에서 떨어지면 가난하고 외로운 노후 생활을 보낼 수밖에 없다. 좁은 원룸에서 하루 세 끼를 걱정하며 누구와도 대화하지 못한 채 쓸쓸이 생을 마감할 수 있다. 지금 일본에서 야단인 고독사의 유력 후보들이다. 챙겨줄 가족도, 정부도 없다.

피해자는 그들만이 아니다. 청년 증발은 가속도가 붙어 사회 전체를 거칠고 황량하게 내모는 부메랑일 수밖에 없다. 인구 단절이 낳는 불협화음이 2040년이면 한국사회 곳곳에 예정된 알람처럼 울려 퍼질 개연성이 높다. 쟁여둔 재원은 바닥난 지 오래다. 젊은 시절 노인 부양을 위해 상당한 돈을 갹출해 냈지만 곳간에서 인심 나듯 적자정부는 이를 기억조차 않으려고 한다. 주고 싶어도 돈이 없다. 세금만으로는 이미 복지 지출이 불가능해져 정부도 매년 적자 국채를 찍으며 연명할 뿐이다. 그나마 국채 이자는 나날이 높아진다. 해외에선 잘 사주지도 않는다.

인구배당금이란 용어가 있다. 출산율 하락이 경제적 성장에 기여한다는 논리다. 저출산이 비용 절감을 낳고 이게 가계 저축을 늘려 투자 재원으로 활용될 수 있다는 얘기다. 아이를 낳으면 돈 나갈 곳이 수두룩하다. 그러니 결혼·출산을 포기하는 게 합리적일 수밖에 없다. 그렇게 아껴진 돈이 인구배당금이다. 다만 이론에서나 가능한 얘기다. 베이비부머(1962~74년생)와 이후의 1인 자녀(저출산) 정책이 경제성장과 맞물린 중국의 사례를 빼면 들어맞는 국가는 잘 없다.

한국도 마찬가지다. 이대로라면 인구배당금은 훗날 눈덩이 이자의 빚으로 되돌아올 우려가 높다. 청년 증발이 갈등의 씨앗으로 확인된 지금 제대로 된 합의와 정책으로 최대한 억제시키는 게 옳다. 뒤늦게 확인될 수밖에 없는, 느릿하되 강력한 인구정책의 특성이 이를 독려한다. 그러자면 그들의 목소리에 귀를 기울이는 게 먼저다. 이해하고 소통하고 공감하며 가려운 곳을 긁어줘야 그들은 닫혀버린 1인분 인생의 문을 열어젖힐 것이다.

2040년, 이케아 세대의 행복한 크리스마스이브를 고대한다.

3장

소 멸 할
것 인 가
도 약 할
것 인 가 ?

필요하면 정부가 중매쟁이까지 되겠다는 적극적인 인식전환이 필요하다. 일본의 사례를 보고 팔짱을 끼고 관람하기엔 정작 우리에게 주어진 시간은 별로 없다. 성공 중매의 대가는 멋진 옷 한 벌에 그치지 않는다. 천년 이상을 버텨낼 대한민국의 지속가능성이라는 값진 선물을 안겨주기에 충분하다. 그러니 결혼정책을 우선해 고려하는 건 당연한 이치다.

한국인의
저녁이 길어진다면

한국의 직장인은 '소牛'에 가깝다. 한국 직장인에게 본인을 동물에 비유해보라 했더니 최다 응답이 소(15.6퍼센트)로 꼽혔다.[*] 이유가 더 서글프고 속 쓰리다. '열심히 일'만 하는 '순종적'이고 '약한' 존재에도 불구하고 '반복되는 일상'을 '눈치'보며 '끈질기게' 버텨내는 '단순·미련'한 직장생활을 하고 있어서란다. 직급이 낮을수록 초식草食동물을, 높을수록 육식肉食동물을 꼽는 것도 공통적이다. 직장인을 꾸미는 수식어는 '고달프고, 피곤하며, 지쳐 있는, 불쌍한, 바쁜, 걱정 많은, 변화 없는, 돈 못 버는'이 톱10에 들었다. '꿈꾸는,

---

● 잡코리아, '직장인 동물비유', 2012. 직장인 500명 대상의 설문 결과다.

열정 있는'처럼 긍정적인 답변은 2개에 불과했다.

살벌하고 먹먹한 대한민국 직장생활의 현실이다. 눈 뜨면 출근하고 퇴근하면 잠자기 바쁘다. 일 좀 한다 싶으면 하루 15시간은 보통이다. 9~6시의 8시간 근무(점심시간 1시간 제외)는 불가능에 가깝다. 쫄쫄 곯다 9~10시에 퇴근하든가 또는 저녁 먹고 자정까지 일한다. 주말과 휴일도 마찬가지다. 맘 편히 쉴 환경이 아니다.

절대기준은 오직 회사다. 회사가 원하는 대로 움직일 수밖에 없는 신세다. 개인은 완전히 장악됐다. 통제 완료다. 그래서 우직한 소에 가깝다. 주인이 시키는 대로 묵묵히 일하는 처지다. 짬은 도저히 내기 힘들며 개인생활은 거의 없다. 밤조차 직장에 묶여 고단함을 더한다. 청춘 직장인은 데이트는커녕 취미생활조차 불가능하고 부부는 얼굴도 보기 힘들다. 원치 않는 술자리는 회식이란 명분으로 심심찮게 벌어진다. 또 다른 업무의 연장이다.

자녀는 자기 혼자 훌쩍 커버린다. 일찍 나가 늦게 들어오니 어떻게 커가는지 알 수가 없다. 정신을 차려보면 부모 품을 떠날 때다. 언제 가족 모두가 밥상머리에 모였는지 기억조차 가물가물하다. 대화나 접촉이 줄어드니 궁극엔 '무늬만 가족'이 넘쳐난다. 배우자와도 소원하다. 다 그런 직장생활이라며 처음에는 이해해도 나중엔 화나고 참다 포기한다. 스트레스는 켜켜이 쌓여간다. 주중에 뼈 빠지게 일하니 주말은 잠에 취하는 게 휴식이다. 존재감은 오직 월급

날만 확인된다. 숨쉬기조차 어려운 악순환의 반복이다.

선진국의 밤은 길다

'저녁이 있는 삶'은 그래서 많은 이들의 눈길을 단번에 잡았다. 2012년 대선 시점에 한 정치인이 내건 공약인데 적잖은 반향을 불러왔다. 대한민국 직장인과 그 가족이면 누구든 혹(?)할 수밖에 없는 참신하고 시의적절한 캐치프레이즈였다. 그만큼 저녁 없는 삶이 일상적이란 반증이다. 저녁 늦게까지 돌아가는 시곗바늘처럼 움직이는 평범한 직장생활의 가려운 곳을 제대로 긁었다. 어느새 정시 퇴근만 해도 날아갈 듯 기쁜 '일 권하는 사회'가 돼버린 것이다. '저녁 없는 삶'은 회사에, 월급에 차압당한 직장인의 씁쓸한 현실이 돼버렸다.

빼앗겨버린 직장인의 저녁은 월급쟁이 가정의 문제에 그치지 않는다. 길게는 한국사회를 고립과 분열, 갈등의 절벽으로 내몰고 있다. 먼저 대화가 단절된다. 가족은 뒷전이라 집에 머물 절대시간이 부족해지면서 혈연 간의 커뮤니케이션은 줄어들었다. 밥조차 같이 먹지 않으니 함께 살되 철저히 핵분열 형태로 자신만의 공간에 집착해 스스로 장벽을 쌓는다. 특히 자녀와의 관계가 소원해진다.

가족 갈등의 시작이다. 소통·치유의 최소단위인 가족의 관계 붕괴는 사회적 대립과 갈등의 진원지로 부각되곤 한다.

사라진 저녁식사의 확산 추세는 가족 구성을 완료한 3~4인의 기존 세대에게만 그 충격이 전해지지 않는다. 곁에서 이를 보고 확인한 후속 세대에게 중대한 학습효과를 제공한다. 즉 결혼·출산의 생애이벤트와 자연스레 만나야 할 이케아 세대 등 청년그룹에게 일찌감치 가족 구성의 행복을 포기하도록 영향을 미친다. 고학력·저임금의 빈곤사슬만 해도 충분히 좌절하는데 어렵사리 결혼에 골인해도 뒤따르는 자녀양육이라는 공포가 출산할 동기를 떨어뜨린다. 맞벌이가 상식인 데다 저녁마저 차압당한 직장인에게 출산은 더 이상 매력적인 선택카드가 될 수 없다. 낳아도 애정을 담아기를 수 없는 환경이 조성된다.

뒤에서 다룰 출산정책에서 좀 더 자세히 살펴보겠지만 젊은 부모들은 폭압적인 갈림길에 놓여 있다. 회사 아니면 가정의 갈림길에서 한쪽을 선택하도록 강요당한다. 게다가 남성전업·여성가사의 옛 가치관이 아직까지 존재하기에 특히 '일하는 엄마'의 삶이 고단할 수밖에 없다. 아무리 많이 배우고 능력이 있어도 결혼·출산 후에 어느 정도의 경력 단절은 불가피하다. 최소한 저녁이라도 보장되면 출산 욕구가 유지되겠지만 절대적인 양육시간의 부족은 많은 20~30대 예비엄마들에게 모성애를 거세당할 것을 요구한다.

일과 가정의 분열·대립이다.

　반면 미국·유럽 등 서구 선진국의 밤은 길다. 예외가 없진 않겠지만 저녁 있는 삶이 일상적이다. 이들 국가의 직장인은 정시 퇴근이 상식에 가깝다. 일벌레가 있지만 야근하는 직장인은 무능하다는 평가를 받기도 한다. 런던에서 일하는 필자의 지인은 한국에서 하던 습관대로 퇴근시간 5시를 넘겨 일을 좀 더 처리하려 하면 청소 아주머니가 와서 구박을 하는 통에 무조건 칼퇴근을 해야 한다고 한다. 또한 이는 다음 경제활동 인구를 위해 자리를 비켜주는 것이기도 하다. 그래서 정시퇴근을 위해 낮시간이 바쁘다. 점심시간은 최대한 짧게 끝내고 업무에 매진한다. 한국에선 없어서 안 될 회식은 거의 없다. 흔하디흔한 밤거리 넥타이부대의 집단 음주는 이해 못할 한국적 문화일 뿐이다.

거의 완벽한 대안, 일과 삶의 조화

한국에서도 조금씩 변화가 일고 있다. 젊은 직장인을 중심으로 개인시간을 확보하려는 움직임이 최근 확산되고 있다. 술을 즐기지 않는 부하직원이 늘면서 회사 자체가 음주회식을 지양하기도 한다. 콘서트·공연 등 문화적인 활동으로 대체하는 곳도 많다. 다만 일부일 뿐이다. 생사여탈권을 쥔 기업과 상사는 여전히 개인의 사적 시간을 당당히 요구한다. 개인시간은 거의 허용되지 않는다. 용감하게 정시퇴근을 시도한다는 건 비공식적(?)인 해고사유로 간주되기도 한다. 부부조차 주중엔 얼굴 보기가 힘든 판이다. 별을 따려 해도 하늘을 볼 기회조차 없다.

한국의 직장인에게 사라진 저녁은 통계로 확인된다. 2012년 한국의 연평균 노동시간은 2,092시간에 달한다. 미국의 1,798시간은 물론 한때 세계 최고의 과로국가에 이름을 올린 일본의 1,765시간보다도 월등히 높다. OECD 평균에 비하면 300시간이 많다 OECD. 기업 대상 설문조사라 안 좋은 것은 축소해서 말하려는 조사상의 잡음효과를 감안하면 실제 노동시간은 더 길 확률이 높다. 오래 묶인 대가로 잔업·특근수당이라도 제대로 챙겨주면 다행이지만 일부 기업이나 공무원이 아니면 이조차 기대 난망이다. 현대판 노비나 다름없는 신세다.

그러니 '저녁이 있는 삶'이 파격적인 선거공약으로 나올 판이다. 낮에 회사에서 열심히 일한 대신 밤에는 가족을 위해 올곧이 시간을 투여하는, 어쩌면 상식에 가까운 캐치프레이즈가 감동으로 다가오는 기막힌 시대상황의 반영이다. 아쉽지만 역설적인 현실 투영인 셈이다. 유럽 선진국에선 드물지 않게 소개되는, 자녀양육을 위해 거물 정치인(공무원)이 공직에서 물러나는 일은 상상조차 힘들다.

이케아 세대에게 숨통을 열어주는 가장 중요한 활로장치가 장기·안정적인 고용확보라면 그 기술적인 운영 차원에서 승패를 가르는 건 '저녁이 있는 삶'의 보장 여부에 달렸다. 일본처럼 종신고용·연공서열로 길고 탄탄하게 일할 수 있다 해도 그 내용이 무임 잔업·과로 사망 등의 편향된 형태로 운영된다면 부작용만 키울 수 있다. "회사가 당신을 끝까지 책임질 테니 당신도 회사를 위해 목숨을 바쳐라"는 암묵적인 고용계약이 시대 변화의 감축성장과 맞물려 현대 일본의 가족시스템을 붕괴시켰기 때문이다. 그리고 그 결과가 보편적인 삶에서 벗어나는 청년세대의 집단 응징 형태로 목격된다. 기성세대로 편입할 생각도 의지도 사라진 것이다.

저녁이 있는 삶을 완성하는 지름길은 '일과 삶의 조화'에 있다. 'Work Life Balance(WLB)'로 불리는 정책이다. 낯선 단어지만 저출산·고령화의 난제를 품은 주요 선진국에선 이미 고유명사처럼 정착된 강력한 해결책 중 하나다. 직장과 가정을 적절히 조화시킨 생존전략이다. 회사인간도 가정인간도 불합리하긴 매한가지라 한쪽에 치우치지 않는 균형 잡힌 노동 형태가 필요하다는 문제 제기다. 이는 절충적인 새로운 일의 방식을 제안한다.

일과 삶의 조화가 가져오는 상승효과

일과 삶의 조화*의 원조는 북유럽이다. 일본에선 1989년 '1.57쇼크(특수합계출산율, 현재 한국 출산율은 1.3명이다)'를 맞은 후 부랴부랴 출산 장려 차원에서 이 개념을 수용됐다. 출산 저하의 원인을 양육 환경 악화와 여성 취업 한계로 분석했다. 여성이 일을 계속하기 위해 출산·양육을 포기한다는 점에서 직장과 가사의 가치를 동시에 실현할 노동 시스템이 필요해져서다. 남성에게도 '일과 삶의 조화'는 우호적이다. 회사를 위해 사생활을 희생시킬 일이 줄어든다.

일과 가정은 대체재가 아니라 보완재다. '꿩 대신 닭'이 아니라 '바늘과 실'이다. 그래서 흔히 양립 조화로 풀이된다. 이와 관련한 이론도 있다. '일과 가정의 강화효과Work-Family Enrichment' 이론이 그렇다. 가정과 직장 둘 중 하나의 역할향상이 나머지의 역할향상을 개선시킨다는 메커니즘을 일컫는다. 일종의 상승효과다. 일에서 얻어진 만족감이 그대로 가정의 삶의 질 향상에 도움이 된다는 것이다. 가정과 직장의 상호 시너지와 양자 만족 이론이다.

역해석도 가능하다. 가정에서의 만족감이 직장에 플러스 영향을

● 이하의 내용은 졸저《그때는 왜 지금보다 행복했을까》의 관련내용을 글의 방향에 맞게 재인용·재구성했다.

미친다. '가정이 일에 미치는 강화효과Family-to-Work Enrichment'다. 사생활이 직장생활의 유연성과 성과를 높여주는 기대효과다. 이는 기존 가치관에 대한 반발이 심하고 동참을 주저하는 이케아 세대 등의 청년에게서 자주 목격된다. 선택 결과는 무게중심의 이동이다. 직장에의 과도한 구속에 반발하며 가정을 중시하려는 심리다. 과거의 가치관에 익숙한 선배 세대는 이해가 어렵지만 최근엔 조금씩 달라지고 있다. 일부 회사를 중심으로 직장과 가정의 선순환 기능을 기대하며 '일과 삶의 조화' 도입사례가 증가하는 추세다.

일본은 2000년대부터 '일과 삶의 조화'를 본격적인 정책 화두로 선정했다. 2007년엔 "자녀와 가족을 응원하는 일본"을 중점전략으로 발표했을 정도다. 2007년 〈노동경제백서〉를 발간한 후생노동성은 "일과 삶의 조화에 초점을 둬 양립 조화로 과잉노동을 시정할 것"을 공식 과제로 표명했다. 후속 대책으로 '일과 삶의 조화' 헌장과 행동지침도 발표했다. 2008년은 'WLB 실현 원년'으로도 선포됐다.

'일과 삶의 조화'를 실천하는 데 있어 핵심은 노동시간의 배분으로 요약할 수 있다. 이는 출산이라는 생애주기를 지닌 여성만의 전유물이 아니다. 남녀노소를 불문하고 일하는 모든 이들이 일과 가정 모두의 가치를 지키려 할 때 가장 큰 제약은 시간 부족이다. 한정된 업무 시간을 어떻게 배분하느냐가 관건이다.

특히 여성에게 절실한 문제다. 여성의 노동이 가족 내부의 역할 구조에 큰 영향을 미치기 때문이다. 인류 역사가 여성 가사·남성 전업의 특화과정을 그친 이유다. 성별의 역할분담이다. 때문에 남성 전업의 장시간 근로와 여성의 낮은 경제활동 참가율은 동전의 양면과 같다. 문제는 여성이 집안일을 담당할 때다. 게다가 한국의 기혼 여성은 기혼 남성에 비해 가사 노동 배분 시간이 현격하게 길다. 취업여부와 상관없이 상당 시간을 가사 노동에 투입하는 실정이다. 이러니 강력한 취업 욕구에도 불구하고 가사 노동에서도 자유로울 수 없다. 대부분 일을 포기하는 배경이다.

맞벌이가 웃으면 모두 웃는다

해결책은 탄력적인 업무형태를 창조하는 것이다. 단시간근무 및 재량근무 등이 그렇다. 연령대별로 결혼·출산·양육·분가 등에 맞춰 여성근로자의 노동시간을 탄력적으로 운영하는 게 대표적이다. 생애경로 관점Life Course Perspective에서의 근로시간 배분 정책이다. 단편사건·특정국면에 초점을 두지 않는 결혼이나 임신, 출산, 양육 등의 총체적인 인간의 궤적을 고려한 의사결정이다.

실제 개인은 생애에 걸쳐 소득과 시간 배분의 선호를 지닌다. 이 선호에 따라 근로시간을 조절하는 게 개인으로선 효용 극대화의 실천이다. 출산·가사에 묶일 땐 근로시간·소득을 일정 부분 포기하고 여기서 자유로워질 땐 더 많은 시간 투입으로 추가소득을 올리는 게 합리적이다.

선진국은 비교적 이를 잘 반영한 다양한 노동 형태를 제공한다. 양육 시기에 유연한 근무시간을 통해 가정을 지킨 뒤 이후 노동시장에 복귀하는 식인데 이때 풀타임 복귀가 쉽다. 나아가 근로시간의 절대적인 양뿐 아니라 근로시간의 재량권과 관련된 근로시간의 배치·편성 문제도 '일과 삶의 조화'의 주요 이슈로 주목된다.

'일과 삶의 조화' 추구로 근로자의 '저녁이 있는 삶'을 확보하면 사회 전반적으로 긍정적인 효과가 나타난다. 무엇보다 가정에서의 행복감과 만족감이 정비례해 늘어난다. 최근 '일할 맛'이 떨어진 이유는 지나친 회사 중심적인 고용 관행과 업무 강도에 기인하는 바가 크다. 직장인이라면 회사인간답게 충성을 요구받는다는 인식이 지배적이다. 물론 대기업·정규직이면 회사 충성이 꽤 매력적인 요인일 수 있지만 최근의 이케아 세대처럼 비정규직이 늘 땐 그 설명력이 떨어진다.

이때 '저녁이 있는 삶'은 전통적인 고용 시스템에서는 추구할 수 없었던 인간 기본의 가치 실현이 가능해짐으로써 결과적으로 삶의 양극화와 고립 등의 사회적 부작용을 개선시킨다.

그 첫 번째 무대가 가정이다. 즉 남성의 회사 중심적 노동 환경이 개선되면 장시간 업무에 따른 건강 악화를 경감시키며 개인시간이 확보됨에 따라 자기계발과 사회활동의 적극적인 참가도 꿈꿔볼 수 있다. 이때 가사·육아시간도 증가할 수 있다. 미혼이면 적극적으로 싱글 모임에 나가고 데이트도 하는 등 결혼에 다가갈 수 있어 자연스러운 가족 구성 동기를 높일 수도 있다.

맞벌이도 웃을 수 있다. 자녀가 생겨도 계속 일하거나 혹은 육아 후 재취업하려는 여성 근로자의 눈높이를 맞춰서다. 근로시간·장소의 다양한 설정으로 유연한 근로 형태가 마련된다면 여성 근로자의 계속 취업은 불문가지다.

이케아 세대 등 청년을 중심으로 한 개인주의와 라이프스타일의 다양화도 기대효과 중 하나다. 전통적인 가치관에만 맞춰 자신의 업무 형태를 결정할 수박에 없는 청년세대의 압박감을 줄여줄 수 있기 때문이다. 실제 청년 근로자 중 자발적인 선택으로 프리터 등 비정규직을 택하는 대신 확보된 개인시간을 자신을 위해 소비하려는 수요는 꾸준히 증가하는 추세다. 이들에게 '일과 삶의 조화'는 일과 가정(개인)을 지키는 최선책이다.

결국 '일과 삶의 조화'를 통해 자신의 생애경로에 부합하도록 일하는 방법을 택할 수 있다. 취업·결혼·출산·양육 등 평생을 통해 가족관계 변화를 비롯한 다양한 삶의 계기 속에서 필요에 따라

노동시간을 배분하고 조절할 수 있게 된다.

당연히 업무 형태를 재분배함으로써 개별적인 효용 극대화를 추구할 수 있다. 소득 증대가 필요할 때는 일Work을 강조하고, 생활Life이 우선될 때는 일하는 시간을 줄이는 식으로 근로조건의 유연성을 강화할 수 있어서다. 이때 전제조건은 균등한 처우다. 근로 형태에 따른 차별 금지가 선행될 때 '일과 삶의 조화'의 의미를 찾을 수 있기 때문이다.

한국을 책임질 인재는 하루아침에 탄생하지 않는다

이를 통해 기업이 장기적으로 누리는 수혜도 크다. 전폭적으로 검토할 것을 권하는 이유다. 우선 다양한 인재 확보로 경쟁력을 강화할 수 있다. 동시에 인간의 생애단계에 호응한 니즈(청년 → 육아 → 간병 → 고령)로 의욕과 만족도를 향상시킬 수 있고, 결과적으로 심신이 건강한 인재 확보가 가능해진다. 즉 △숙련자의 지속적인 고용으로 채용과 훈련비용이 감축되며 △일과 삶의 조화로 스트레스가 경감되며 생산성이 증대된다 △구직자에게 매력적인 일자리로 여겨져 우수한 인력 채용이 용이하고 △다양성 · 흥미 · 창의성 등을 기반으로 한 산업에 유리하며 △전반적인 인력 배치에서 유연성을 확보할 수 있고 △직원 구성과 소비자 구성이 유사해짐에 따라 소비자의 니즈 반영이 용이하고 △기업 이미지를 높일 수 있으며 이를 통한 투자 확대 등이 기대된다.

거시적인 환경 변화에 순발력 있게 대응할 수 있는 근거도 마련할 수 있다. '일과 삶의 조화' 실현을 통해 환경 변화에 유연한 대응이 가능한 근로 형태를 도모함으로써 시장 수요의 불확실성 증대나 경기 유동성에 맞춰 투입 노동량의 원활한 조정이 가능해진다. 향후 전통적인 과학적 경영관리법, 즉 테일러리즘의 탈피에 부응하고 창의력 향상을 높이기 위해서도 근로시간의 유연한 운용이 필요하다.

이 밖에도 다양한 업무시간 선택권을 제공하면 △개인주의·고령화 등으로 인한 사회경제·인구·문화적 문제를 긍정적으로 해결할 수 있고 △내부 유연화를 통해 효율성을 높이고 구시대적 산업의 변화에 적응할 수 있으며 △노조·여성단체 등 사회적 협의 파트너와의 우호적인 관계 등이 기대된다(EU, 2006년).

건강한 사회 및 경제성장 동력 확보에도 긍정적이다. '일과 삶의 조화'의 실현 구축은 노사의 기대효과를 넘어 궁극적으로 사회 전반에 다양하고 광범위한 긍정적인 변화를 야기한다. 균등 처우를 기초로 한 다양한 근로 형태의 장기적이고 안정적인 확보는 그동안 여성과 청년, 고령 노동자 등 고용 차별의 피해자로 남아 있던 이들에게 한층 개선된 고용 기회를 제공할 수 있다. 이 경우 사회적 활력 회복과 미래의 성장 에너지 확보로까지 이어질 수 있다.

즉 일할 의사를 갖춘 이들이 정규·비정규직 등의 차별대우 없이 균등한 처우를 받으면 국가경쟁력의 확보가 보다 쉬워진다. 기존 시스템 하에서의 노동력 부족 사태를 막고, 시간제 임금구조에 따른 생산성 향상을 도모할 수도 있다.

연봉보다 기업 마인드를 좇는 이케아 세대

한국에서도 최근 대기업과 외국계, 또는 벤처회사를 중심으로 '일과 삶의 조화'를 도입하는 곳이 늘고 있다. 칼퇴근을 시키거나 사내보육원을 설치하는 곳, 자녀를 회사로 초대해 투어를 하거나 졸업이나 입학처럼 자녀에게 특별한 날이 있으면 무조건 휴가를 주는 것이 그 작은 예다. 넉넉한 휴가는 물론 결혼하거나 아이를 낳으면 1,000만 원을 주는 파격적인 회사*도 있다. 2013년 제니퍼소프트는 1명을 뽑는 데 지원자가 2,400명이나 몰리기까지 했다. 대부분 우수한 기술과 독특한 경영철학을 바탕으로 파격적인 복지체계를

● 국내 소프트웨어 벤처기업인 제니퍼소프트와 핸드스튜디오의 사례다.

갖춘 회사로, 젊고 능력 있는 구직자가 화답하고 있는 것이다. 그러나 대부분 기업은 비용 부담이 없는 것부터 시작하거나 비전 발표 또는 초기단계에 머물고 있다. 물론 긍정적인 변화가 많아지는 건 다행스럽다. 기업문화의 핵심 요소로 '일과 삶의 조화' 실현 추구를 선정하는 사례도 고무적이다. 그럼에도 '일과 삶의 조화' 실현의 필수조건인 균등 처우가 해결되지 않았다는 점에서 지향점과 현실 사이의 차이는 여전하다.

또한 제도만으로는 '저녁이 있는 삶'이 완성될 수는 없다. 제도를 내놔도 지켜지지 않는다면 없는 것만 못하다. 일과 가정의 양립 조화를 위한 숱한 관련 제도가 쏟아졌음에도 여전히 이용률이 떨어지는 이유가 여기에 있다. 관건은 눈치 볼 일 없이 속편하게 원할 때 쓸 수 있는 제도 이용의 장벽 철폐다.

지적되는 게 직장 상사의 권한이다. 가령 공식적인 육아휴가제도가 있음에도 여성조차 이를 쓰기 힘든 무형의 직장 환경이 그렇다. 인사와 평가권을 쥔 직장 상사의 마인드가 바뀌지 않는 한 좋은 제도가 있어도 활용률은 떨어질 수밖에 없다.

그럼에도 '저녁이 있는 삶'은 이케아 세대뿐 아니라 전체 근로자의 행복지수를 높일 수 있는 가장 현실적인 대안카드다. 비용은 들겠지만 기대효과가 더 크다면 충분히 실현해야 할 정책이다. 어영부영 흉내를 내고 주판알만 튕겨보기엔 시간이 별로 없다. 기업

:: **'일과 삶의 조화' 도입에 따른 비용과 효과**

비용	편익
직접비용: 근로자 수 증가에 따른 추가 작업공간 필요. 기업 내 수유공간, 보육센터와 데이케어센터 등 시설비용. 휴가 후 복귀 근로자 재훈련 비용 **지휘감독비용**: 근로시간 단축 및 일시적 부재에 따른 작업 단속성 관리. 부가급여를 받지 못하는 근로자의 동기부여 **관리비용**: 새로 도입되는 정책 소개 및 홍보. 수혜자 범주(수혜자격)의 결정, 여타 제도와의 관련성 조사	• 숙련 근로자의 낮은 퇴사율로 채용·훈련비용 감축 • 일·가정 병행에 따른 스트레스 해소로 생산성 증대 • 매력적인 일자리로 여겨져 우수한 인력 채용 용이 • 다양성, 흥미, 창의성에 기인한 작업에 유리 • 전반적인 인력 배치에서의 유연성 • 근로자 구성과 소비자 구성이 유사해짐에 따라 소비자의 니즈 반영 용이 • 기업 이미지 제고 및 투자 확대

*자료: 《파트타임 등 일·가정 양립형 일자리 확대를 위한 정책대안 연구》, 노동부, 2008.

과 정부가 전향적인 자세로 전환해 일과 가정 모두를 지켜냄으로써 표준궤도에서 벗어나려는, 또 벗어날 수밖에 없는 이케아 세대의 딜레마를 풀어줘야 할 타이밍이다.

인구를 줄이는 중국
출산율 반등에 성공한 프랑스

중국이 세계 경제의 중심에 올라섰다. 짧은 시간에 드라마틱한 고도성장을 반복하며 어느새 미국과 패권을 다투는 G2로 불리고 있다. 압축성장의 피로와 누적된 한계로 최근 주춤하는 모양새지만 당분간 중국경제의 발전 스토리는 계속될 전망이다. 개혁·개방 30년만의 성공 스토리는 양극화 등 부작용에도 불구하고 중국의 사뭇 달라진 자신감의 뿌리다.

중국 파워를 분석하는 건 힘들다. 복잡다단한 방정식과 하부 변수가 곳곳에서 작용해 경제성장의 결과물을 만들어냈다. 거기에 무시할 수 없는 강력한 요인이 있다. 인구의 힘이다. 정확한 인구조차 추산하지 못한다니 웃지 못할 중요한 변수가 틀림없다. 어쨌든 13억 중국 인구가 경제성장의 중요한 동력으로 작용했다는 것은 사실이다. 풍부한 노동력이 경제성장에 보너스를 안겨준다는 '인구 보너스'가 제대로 먹혀든 표본모델이다.

중국만이 아니다. '브릭스BRICs'란 신조어를 뜯어보자. 유력 성장이 기대되는 브라질, 러시아, 인도, 중국의 4대 신흥경제국을 지칭한다. 그렇다면 이들의 공통점은 뭘까? 많은 요인이 거론되겠지만 빠지지 않는 공통분모는 인구대국이란 점이다. 합하면 세계 인구의 40퍼센트를 넘는다. 결국 인구는 경제와 밀접할 수밖에 없다.

물론 인구대국이라고 꼭 경제가 급성장하는 건 아니다. 교육·저축·산업·외수 등 소위 운 때가 맞을 때 인구 파워가 실현된다. 중국이 그 대표사례로 중국에서 교육받은 베이비부머가 노동시장에 진입한 시점과 저축 증대·수출 활황의 타이밍이 일치했기 때문에 지금 본격적인 성장이 가능했다.

'인구 증가 → 경제성장'의 가설은 부인하기 힘든 명제다. 다만 운 좋은 중국 사례를 빼면 보다 정밀한 접근이 필요하다. 즉 포인트는 생산가능인구에 있다. 15~64세의 현역 근로자가 두텁게 유지될 때 경제성장과 정부의 재정은 탄탄해진다. 반대로 생산 참여가 힘든 고령 인구가 늘면 경제적으로 악재다. 이를 막자면 출산율을 높여 지속 가능한 생산가능인구를 조달해주는 게 필수다. 이런 점에서 중국경제의 미래는 다소 어둡다. 장기간 인구 억제책을 펼친 결과 저출산이 만만찮아진 결과다. 와중에 은퇴(예비군) 세대가 늘면서 고령화는 유례없이 급격하게 진행 중이다.

충격적인 인구 감소를 목전에 둔 중국

중국 정부는 고민에 빠졌다. 인구 보너스 덕을 봐 G2까지 올라섰지만 아직도 갈 길은 멀다. 분배 문제까지 심화되면서 성장 욕구는 더 커졌다. 그런데 직면한 건 인구 오너스Demographic onus* 우려다. '국력은 인구'라는 명제를 훼손할 저출산·고령화 염려다. 현역 청년은 줄고 부양 노인은 늘어 재정 압박·성장 둔화·갈등 유발 등을 야기할 것이란 걱정이다.

결국 중국 정부는 인구정책 수정에 들어갔다. 1979년 채택된 계획생육에 따른 한 자녀 정책을 포기할 조짐이다. 인구의 공급 체인을 확대·재편하겠다는 의지의 표명이다. 이로써 조만간 두 자녀 허용 정책이 발표될 게 확실시된다. 다만 어떻게 될지는 미지수다. 중국에서도 한국판 이케아 세대처럼 청년 인구의 결혼·출산 지체·포기가 늘고 있어서다.

● 생산연령 인구의 비중이 하락하면서 경제성장이 지체되는 것을 뜻한다.

합계출산율은 1.1명까지 떨어졌다(2011년). 가족 구성 및 부양 비용이 급증해 1명도 힘들어진 판에 더 낳을 이유도 능력도 줄었기 때문이다. 즉 청년세대에 집중된 교육 향상과 성장 하락·임금 정체가 자녀 출산의 동기를 꺾어버렸다. 중국 또한 고학력·저임금의 돌파카드로 홀로 즐기며(?) 사는 길을 택한 것이다.

'출산 억제 → 출산 장려'로 방향을 튼 건 미래 중국의 인구경제학이 야기할 수 있는 위기 경고를 받아들인 결과다. 제반 환경을 봤을 때 고무적인 조치가 아닐 수 없다. 세부 조정이 남겠지만 방향 자체는 옳다. 출산 장려는 비단 중국만의 이슈가 아니다. 저출산·고령화로 생산가능인구가 줄어드는 사회에선 공통적으로 목격되는 우선정책이다. 양적으로 줄어들고, 질적으로 악화되는 인구 구성의 변화 양상이 성장 감퇴와 재정 압박, 사회 분열을 가속화시킬 수 있기 때문이다. 그리고 그 조짐은 한국판 이케아 세대처럼 이미 청년세대에게서 확인되고 있다.

그렇다면 한국의 현실은 어떨까. 한 실제 사례를 보자.* 대기업 홍보팀 차장인 A씨. 사내 시험에선 뭐든 1등으로 상사로부터 신뢰와 인정을 독차지했다. 후배들의 우상답게 높은 연봉에 임원까지

---

* '대한민국 워킹맘의 비애', 여성부, 2011. | 출처: http://enews.mogef.go.kr/view/board/bbs/view.jsp(검색일: 2013.11.4)

꿈꿨다. 그런데 13년차 그녀에게 적신호가 왔다. 임신이다. 늦은 결혼에 반가웠지만 상황은 어려웠다. 출산휴가가 끝난 후 복귀했지만 아이를 맡길 곳은 없었다. 야근과 출장이 많고 양가 부모까지 몸이 불편해 어렵게 베이비시터를 구했다. 돈도 부담됐지만 괜찮은 사람 구하기도 쉽지 않았다. 남편과의 갈등은 커져갔다. 위기에 몰린 그녀, 결국 사표를 냈다. 그나마 잘나가는 대기업·정규직 직원이기에 회사에서 대놓고 차별 대우·사퇴 압박을 받은 건 아니다. 고약한 직장에서 일하는 대부분의 임신·출산 경험자라면 한층 심각한 갈등에 부딪히게 된다.

반등한 프랑스 출산율, 부국을 예약하다

이쯤에서 비교가 됨직한 출산 장려의 성공사례를 살펴보자. 우리가 눈여겨봐야 할 곳은 프랑스다. 프랑스는 출산·육아의 천국으로 불린다. 아이를 키우려면 온 마을이 필요하다는 말처럼 "낳으면 그 다음은 국가가 도맡을 것"이란 믿음이 강하다. 일찍부터 시작한 국가의 출산 장려책이 빛을 보기 시작했기 때문이다.

과거 프랑스는 대표적인 출산 취약국가 중 하나였다. 동거문화까지 확산돼 결혼을 통한 책임 있는 가족 구성은 뒤로 밀렸다. 이에 프랑스는 1970년대 이래 40년 가까이 일관되게 출산·육아 지원 정책을 실시해왔다. 여러 부처로 분산된 관련 정책과 제도를 '유아환영정책PAJE'으로 통합해 2004년부터 운영했다. 그 성과가 이제 수치상으로 나타나고 있다. 지지부진하던 출산율(합계)은 2006년 2명대를 돌파하기 시작해 2012년 현재 2.01명을 기록 중이다. 유럽 최고로 돌아섰다. '친親가족정책'의 승리다. 핵심은 앞서 설명한 일과 가정의 양립 조화, 즉 '일과 삶의 조화'의 고집스러운 실현 추구다.

출산이 결코 워킹마더의 장벽이 되지 않도록 세심한 배려에 나섰다. 덕분에 출산·육아가 집중되는 25~49세 여성의 8할이 직장인이다. 또 그중 75퍼센트는 아이 엄마로 그들의 절반 이상은 자녀가 3명 이상인 경우도 있다. 여세를 몰아 이대로라면 인구 감소를 걱정하는 다른 나라를 비웃기라도 하듯 2050년 7,500만 명으로 유럽 최대의 인구부국이 될 가능성이 높다.

프랑스의 출산정책은 직접 혜택·간접 지원을 통틀어 40가지 이상이다. 직접적인 자금 지원과 간접적인 환경 정비로 구분돼 다양하게 진행된다. 특히 자녀 인원별로 보조금과 세금 면제의 혜택까지 병행된다. 0.27퍼센트에 불과한 한국과 달리 프랑스 GDP의 3.79퍼센트가 출산정책에 투입된다(OECD, 2009년). 재정적자에도 불구하고 가족정책 관련 예산을 줄이면 미래에 더 심각한 차질을 초래할 것이란 공감대가 형성된 덕분이다. 심지어 외국인에게도 혜택이 동일하다. 프랑스로 유학을 떠난 한국인 부부가 아이를 둘씩 낳아 귀국하는 게 그 예다. 다른 나라였다면 꿈도 꾸지 못할 출산 결정을 비교적 쉽게 내리는 것도 이런 이유다.

해결의 실마리는 워킹맘의 고민 해소에 있다. 일하는 여성이 자녀를 손쉽게 키우도록 밀어주는 게 정책의 핵심이다. 임신·육아가 여성의 사회활동을 방해하지 않고 되레 응원하도록 했기 때문이다. 이로써 애를 낳는 게 횡재로도 비유된다. 출산하지 않는 게 손해일 정도로 막강한 정책적 지원이 마련된 결과다.

놀라운 건 프랑스 기업이 출산 장려에 적극적이라는 점이다. 자녀 출산·양육에 상상 이상의 지원을 실시해 정부 정책의 효과를 배가시킨다. 어지간한 중소기업도 사내에 탁아소·유치원 등을 설치해 여직원의 동기부여를 자극한다.

구체적으로 보면 당장 '임신 → 출산'까지 대부분의 의료비가 전액 무료다. 불임치료도 국가 부담이다. 병원에 처음 방문하면 적잖은 육아용품까지 선물로 받는다. 임신이 확인되면 나라가 보낸 축하 편지까지 받아보게 된다. 병원 검진 때 산모의 고민을 의사가 직접 나서 외부기관과 협조·중재하기도 한다.

명확하고 구체적인 출산 장려는 역시 돈이다. 낳으면 일단 격려금으로 출산 보너스 855유로(약 120만 원)가 주어진다. 전업주부에게도 매달 500유로(약 75만 원)의 격려금이 나온다. 2명 이상이면 별도의 자녀수당이 있다. 3명 이상이면 그 혜택은 대폭 늘어난다. 쇼핑은 물론 대중교통 요금까지 할인 대상이다. 3명째를 낳은 후 출산휴가를 쓰면 1년간 매달 750유로(약 110만 원)의 자녀수당도 받는다. 어떤 이유에서든 아예 회사를 관두게 되면 자녀수당은 1,000유로(약 150만 원)까지 오른다.

양육환경도 좋다. 3세부터 대학까지는 공교육일 경우 무상 지원이다. 이케아 세대가 출산을 거부할 수밖에 없고, 혹은 낳는다면 생활고를 감당하도록 선택받는 한국과는 천양지차다. 시청 등 공공기관은 탁아소 · 유치원 · 초등학교 등의 방과 후 학습까지 맡는다. 전담 공무원과 체계적으로 고급 교육을 받은 선생님이 따로 있다. 기업도 적극적으로 출산 장려에 나선다. 출산휴가는 총 16주가 주어지는데 3번째 자녀이면 무려 26주에 달한다. 완성은 사회 인식이다. 모든 곳에서 산모(엄마)는 우선적으로 배려된다. 대중교통은 물론 할인점에서도 전용계산대가 있을 정도다. 상황이 이 정도니 출산은 경사일 수밖에 없다. 임신 · 출산을 해고카드로 만지작거리는 한국과는 다르다.

자녀가 생기면 파산 확률이 2배?

다시 한국으로 되돌아와보자. 한국 정부도 출산 장려에 관심이 없는 건 아니다. 진정성만큼은 의심할 필요가 없다. 재정 압박에도 불구하고 최근엔 만 5세까지 영유아 양육수당을 비롯해 출산환경을 개선한 건 맞다. 개별 지자체는 별도로 출산 장려금까지 마련했다. 그럼에도 불구하고 아쉬움이 적지 않다. 제도 초기의 시행착오를 감안해도 정밀한 제도 설계 없이 인기 영합에 맞춰 실행됨으로써 상당한 빈틈을 야기하고 있어서다.

시설에 아이를 맡기지 않으면 손해를 본다는 식의 아이러니한 상황이 연출된 기본 배경이다. '눈 먼 돈'이라고 판단해서인지 정부 지원금을 둘러싼 이해집단의 도덕적 해이도 위험한 상태다.

때문에 정부의 강력한 실천의지가 가장 중요할 수밖에 없다. 돈만 주면 끝이고 그 돈마저 부처주의의 함정에 빠져 효율적인 관리체제를 확보하지 못한다면 출산 장려는 허울에 그칠 공산이 크다. 돈은 돈대로 쓰고 효과는 기대할 수 없는 결과를 초래할 수 있다. 페널티와 인센티브로 기업의 출산 장려를 위한 환경 구축을 끊임없이 요구·관리하고, 부모가 접촉하는 양육기관인 어린이집과 유치원 등의 효율적인 운영 시스템을 구축하는 게 필수다. 유통기한이 지난 식재료로 불량 급식을 내놓고 심지어 폭행사건까지 적발

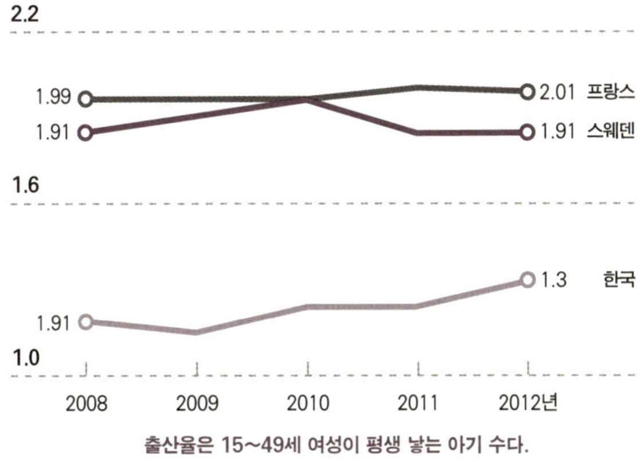

되는 지금의 상태로는 곤란하다.

이제 출산 장려는 개인의 책임을 넘어섰다. 회사에선 눈치 보고, 남편과는 싸우며, 어린이집엔 약자일 수밖에 없는 딜레마를 넘어설 때가 됐다. 그러니 겁먹은 이케아 세대는 설혹 어렵게 결혼해도 출산을 미루거나 포기할 수밖에 없는 것이다. 이들이 받을 수밖에 없는 시시때때의 스트레스를 근본적으로 풀어주는 방안이 아니면 저출산이 확대될 수밖에 없는 시대상황이다.

프랑스 사례를 보면 분명 만만찮은 장기 정책이다. 적잖은 돈을 오랫동안 투입해 지금 이 정도의 성적표를 낸 것이다. 이것이야말로 지금 한국이 출산 장려를 서둘러야 하는 가장 중요한 이유다.

자녀가 생기면 파산 확률이 2배나 높아진다는 우스갯소리가 있다. 곰곰이 뜯어보면 틀린 말이 결코 아니다. 맞벌이로 방어한들 상황은 비슷하다. 실질소득 감소와 경력 단절 우려(여성)처럼 자녀 출생이라는 축복 이벤트야말로 가장 값비싼 대가를 요구하는 것이다. 무자녀 가정의 저축률이 자녀가 있는 가정의 저축률보다 2~4배 높다는 조사 결과도 이를 뒷받침한다(《조선일보》, 2006.8.3). 출산 · 양육 · 교육비가 저축을 방해하는 주원인인 건 불문가지다. 게다가 몸은 몸대로 망가진다. 결국 무자식이 상팔자인 셈이다. 이렇게 되면 자녀는 안 낳는 게 아니라 못 낳는 것일 수밖에 없다.

사랑하고 싶지 않은
청춘은 없다

"나와 결혼해줄래?"

달콤하고 감동적인 청혼 이벤트가 시나브로 줄어들고 있다. 결혼을 미루다 결국엔 포기하는 만혼晚婚과 비혼非婚이 늘어나는 추세다. 결혼은 누구에게든 특별할 수밖에 없는 이벤트다. 평생 한 번뿐인 중요한 행사일 수밖에 없다. 최근에야 2~3번 결혼하는 이도 있지만 아직 일반적이지 않다.

그런데 이 인식은 이제 수정돼야 할 것 같다. 결혼이 필수가 아닌 선택사항으로 변질(?)됐기 때문이다. 경기불황이 지속됐던 2000년대 이후 이 조짐은 확산됐다. '1인 가족'으로 불리는 독신 생활의 찬가도 많다. '결혼하지 않는 한국'은 이로써 해프닝이 아닌 트렌드로 안착되고 있는 듯하다.

미혼이 증가하는 추세를 염려하는 시각이 적지 않다. 결혼하지 않은 건 비혼이든 미혼이든 마찬가지지만 내용은 다르다. '나이 든 비혼 대 젊은 미혼' 정도면 어떨까 싶다. 둘의 차이는 나이다. 우려되는 건 나이 든 비혼이다. 일본 정부가 내놓은 《국민생활백서》(1992년)에 따르면 출산은 전적으로 커플(배우자가 있는 사람)의 비율과 그들의 출산 결과로 좌우된다. 서구처럼 동거문화가 약하기에 결혼만이 출산을 하는 유일한 공식 루트인 셈이다. 그러니 결혼이 안 되면 출산은 기대하기 어렵다. '비혼(만혼) 심화 → 결혼 감소 → 출산 감소'의 흐름이다.

"사랑이 밥먹여주냐 정신차려"

결혼 장벽이 높아졌다. 오죽하면 "결혼은 미친 짓"이란 우스갯소리마저 떠돌까 싶다. 성비 불균형의 문제는 넘어섰다. 중요한 건 투입비용 대비 낮은 산출효과라는 부담스러운 금전논리 탓으로 귀결된다. '고용 불안 → 빈곤 청년 → 연애 부담 → 결혼 포기'처럼 돈이 없어 짝 찾기를 주저하거나 결혼을 포기하는 경우가 일반적이다. 용감한(?) 커플도 있다. 위대한 '사랑의 힘'으로 기존 장벽을 뛰어넘으며 가족 구성의 첫발을 뗀 경우다. 준비가 부족한 결혼이건만 그래도 분명 축하할 일이다. 다만 결혼 이후의 살벌하고 냉정한 현실의 한계는 왕왕 그 사랑마저 손쉽게 깨버리는 시대다. 요컨대 "사랑이 결코 밥을 먹여주지는 않기 때문"이다.

물론 노력은 참 많이 한다. 끊임없이 결혼 상대를 찾아다니는 2030세대가 주변에 수두룩하다. 결혼정보업체가 성황인 게 그 증거다. 소개팅이나 맞선은 사라지지 않았다. 이성을 만날 수 있는 곳이면 어디든 발 디딜 틈조차 없다. 결혼하려는 의지도 높다. 결혼하고 싶지 않은 청춘은 많지 않다. 어떤 통계를 봐도 절대다수는 결혼하고 싶어 한다. 매년 연초만 되면 결심하듯 "올해는 결혼할 것"을 외친다. 결연한 의지다. 그럼에도 연말이면 동성 친구와 술잔을 마주한다. 연례행사처럼 반복하다 나이를 먹으면 이제 결혼은 남의 일로 치부된다.

종국엔 눈높이를 낮추는 무리수(?)까지 동원된다. 그냥 홀로 늙어가다가는 앞서 설명한 승인효과(친화·집단·일반적 승인)처럼 무능력의 레테르가 붙을 판이니 어떻게 해서든 짝을 찾으려는 최후의 노력이 펼쳐진다. 가령 여성이 남성 배우자를 고를 때 웬만하면 포기할 수 없었던 신장(키), 연봉, 학력의 3고高는 버린다. 대신 3저低로 바뀐다. 저자세·저위험·저의존 등이다. 뽐내지 않고 여성을 우선하는 매너(저자세)와 리스크가 적은 안정된 직장·자격 보유자(저위험) 및 속박하지 않고 서로의 생활을 존중하는 삶(저의존)이 그렇다. 다만 '3고 →3저'로의 변화에도 불구하고 결코 놓칠 수 없는 게 있으니 바로 안정된 생활 여건이다. 돈이다.

결혼 장벽이 높아진 가장 큰 이유는 장기적이고 구조적인 경기침체 탓이다. 어떤 이유든 그 기저엔 돈 문제가 얽혀 있는 법이다. 갈수록 결혼하고 가정을 꾸리는 경제적 압박이 심화돼서다. 때문에 결혼 조건에서 경제적 능력은 결코 양보할 수 없다. 얼굴보다 재력이 먼저인 것이다. 물론 배우자의 희망 연봉은 경기침체를 반영해 하향 조정이 가능하다. 이 경우 맞벌이는 필수다. 남성의 능력과 무관하게 결혼 이후 맞벌이를 원하는 게 대세다. 그만큼 먹고살기 힘들어졌기 때문이다.

이미 청년그룹의 경우 근로자 2명 중 1명은 비정규직일 정도로 불확실성이 높아졌다. 정규직이라고 안정적이진 않다. 상시적인 구조조정의 압박은 결혼을 주저하게 만드는 일상적인 장벽 중 하나다. 하나라도 삐끗하면 그대로 잉여인간으로 전락할 수밖에 없어서다.

직장의 환경이 결혼을 늦추는 원인이 된 건 두말할 여지가 없다. 과거 직장에서 배우자를 찾아 결혼하는 경우도 꽤 있었다. 사내 연애로 시작한 사내 결혼이다. 사내 결혼이 아니면 직장 선후배가 중매인으로 변신해 이성을 소개해주기까지 했다. 그런데 이런 결혼 관행은 이제 거의 없어졌다. 사내 결혼은커녕 교제조차 금기시되는 추세다. 고용 불안 탓에 직장 환경이 딱딱해지면서 직장을 매개로 짝을 찾던 결혼 관행이 깨진 것이다. 위험요소가 많아진 결과다. 여성의 경우 결혼은 곧 사표를 뜻해서다. 맞벌이를 해도 부족할 판에 '결혼=퇴사'라면 사내 결혼은커녕 외부에서의 결혼 소식조차 숨겨야 할 판이다. 숨 가쁜 이중생활의 시작이다. 옛날 얘기 같은가? 그런 당신은 지금 한국에서 괜찮은 직장에 다니고 있다는 증거다.

결혼하면 낳는다

그렇다면 해법은 뭘까?* 종류는 많다. 급한 건 결혼의 장벽을 제거하는 일이다. 우리는 결혼이라는 일생일대의 이벤트가 갖는 사회적 파급효과에 대해 주목해야 한다. '결혼 → 출산 → 양육'의 흐름을 완성하는 시발점이기 때문이다. 이때 중요한 건 결혼 장벽을 통과하는 것이다. 적게나마 희망적인 시그널 때문이다. 결혼하면 그나마 출산 확률이 높아질 수 있어서다.

● 〈한국일보〉, '결혼과 출산의 인구경제학', 전영수 칼럼, 2013.9.18. 여기서부터 일부 원고는 필자의 칼럼을 토대로 일부 재구성했음을 밝힌다.

일례로 고령대국인 일본의 통계를 보자. 일본의 부부완결출생 아수*(1.96명)는 합계출산율(1.39명)보다 높다(2010년). 합계출산율은 미혼까지 포함해 여성(15~49세의 가임연령) 1명이 평생 낳을 예상자녀 수다. 반면 부부완결출생아수는 결혼한 부부가 아이를 낳은 숫자다. 다소 앞서가는 추정이지만 부부의 출생아 수가 고령 문제로 심각했던 2002년(2.23명)조차 꽤 높았다는 일본의 사례는 어쨌든 결혼이 출산율을 높일 수 있는 힌트임을 보여준다.

한국에선 부부완결출생자수라는 통계를 찾을 수 없어 정확한 비교가 힘들다. 다만 비슷한 추정이 가능한 정보는 있다. '통계로 본 서울시민의 연령계층별 삶'을 보면 서울에 거주하는 3040세대 기혼 여성의 평균 자녀 수는 1.6명으로 조사됐다.** 2명(52.1퍼센트)이 가장 많고 1명(32.8퍼센트)이 뒤를 이었다. 전국에서 살기가 제일 빡빡한 서울에서조차 합계출산율을 웃도는 성과(?)다. 물론 줄어든 건 확실하다. 같은 조사의 45~59세 기혼 여성은 평균 자녀가 2명이었다. 60세 이상 여성은 평균 3.1명에 달했다. 연령대가 낮을수록 출산율이 떨어지는 건 진실이다.

● 일본의 부부완결출생자는 1972~2002년까지 대략 2.19~2.23명을 유지해왔다. 지금은 1.96명까지 떨어졌으니 적잖이 악화된 수치다. 조사는 부인이 50세 미만인 8,000쌍의 부부를 무작위로 골라 부부 모두 초혼인 6,000쌍을 대상으로 했다. 1940년부터 5년 단위로 실시한다. 결혼기간 15~19년으로 출산을 거의 끝낸 부부의 자녀 수가 그 결과물이다.
●● '통계로 본 서울시민의 연령계층별 삶', 서울시, 2013.

다만 이케아 세대는 바보가 아니다. 결혼을 '미친 짓'으로 규정하는 심정에는 그럴 만한 이유가 충분하다. 결혼을 결심할 땐 비용과 편익이 비교된다. 사랑 등 무형의 편익까지 넣어 비용보다 남는 장사일 때 결혼을 택한다. 그런데 이게 요즘 깨졌다. 급속도로 불어난 결혼과 유지비용의 무게 탓이다. 뚜렷해진 '미루다가(만혼) 포기하는(비혼)' 결혼 추세다. 임대아파트는커녕 전세도 2억~3억 원을 호가하는 천문학적인 주거 부담과 결혼비용 때문이다. 가뜩이나 고용 불안이 높아 더하다. 하물며 출산·양육비용은 그 자체가 부담 천지다. 지금 내 상황이 넉넉지 않다면 돈 드는 본능 대신 차라리 초식남·건어물녀처럼 중성화되는 게 서로 '죄짓지 않고 사는(?)' 방법이라고 생각한다. 사회의 건강을 위협하는 인구 단절이 심각한 이유다.

결혼 연기와 포기는 사실상 이케아 세대를 비롯한 청년세대가 기성사회에 퍼부을 수 있는 가장 강력한 복수 수단이다. 당장 그 조짐이 엿보인다. 성인으로서의 독립을 포기하는 경우가 그렇다. 독립생활은 고비용이다. 특히 거주비용이 부담스럽다. 살림살이를 줄인들 기본 생활비는 줄이기 힘들다. 집 나가면 적어도 경제적으로 '개고생'인 걸 뼈저리게 느낀다. 그래서 요즘 청년은 부모 슬하를 벗어나지 않으려 애쓴다. 둥지를 떠날지언정 금방 되돌아온다. 연어족이자 캥거루족의 대량 출현이다. 경제적으로 자립했지만 독립하지 않은 채 부모 곁에 머무는 건 그래도 낫다. 취업 이후조차 부모에게 경제·심리적으로 기대는 '찰러리맨Child+Salaryman'도 있다. 치솟는 주거비용 탓에 '개미족蟻族•'으로 살지 않자면 기댈 수밖에 없다. 그리고 그 비용은 고스란히 부모 몫으로 귀결된다. 나이 쉰 넘어 자식 때문에 재취업하는 아줌마들이 많은 이유다.

결혼 지원, 주택이 시급하다

이젠 정부가 나설 때다. 결혼 권장을 청년정책의 선순위로 넣으면 어떨까. 물론 한국의 청년정책은 별로 없다. 정부의 자원 배분은 '기득권 세대 > 청춘세대'로 무게중심이 옮겨간 지 오래다. 있어도 주택청약처럼 기성세대를 위한 정책 세트에 가까스로 껴들어간 생색내기거나 그저 대출완화정책처럼 방향을 잘못 잡은 양육 지원처럼 헛도는 정책이 적잖다. 즉 쏠림현상을 막는 불균형 시정 차원에서라도 청년에 대한 배려는 필수다. 이때 결혼을 쉽게 하도록 정부 자

• 중국에서 1980년대에 태어난 젊은이 중 학력은 높지만 취업난으로 인하여 빈곤한 삶을 사는 이들을 칭하는 말이다. 성인이 됐지만 도시에서 궁핍하게 생활하는 고학력 저소득층을 개미족이라고 부른다. 지능은 높지만 힘이 없어 집단으로 모여 사는 모습이 개미와 비슷하다고 하여 붙여진 이름이다.

원을 재배치하는 게 좋다. 재정 부족만 탓하지 말고 있는 재원이라도 적재적소에 투입하면 효율성은 곧 개선된다. 사회적으로는 허례허식으로 가득한 결혼문화가 시정의 대상이다.

앞서 예를 들었으니 주거정책을 계속해서 보자. 주택정책은 출산은 물론 결혼정책에 직결되는 정부의 카드 중 하나다. 다만 개선여지가 많은 게 현실이다. 이미 가족을 형성한 기혼 부부에 맞춰 정책을 펴니 예비 부부에게는 불확실성이 여전하다.

주택 분양 때 주어지는 다자녀 우대조항 등이 그렇다. 결국 막 시작한 신혼부부를 위한 주택정책은 흉내내기에 불과하다는 평가가 많다. 연봉은 집값을 따라잡지 못하니 열악한 셋방살이는 선택의 여지가 없다. 적어도 집값 폭락이 없는 한 20~30세대에게 주택시장은 접근 불가다. 이케아 세대의 거주비용은 희망을 갉아먹는 최대의 장벽이다. 월급이 적고 고용이 불안해도 가족 형성을 주저하지 않도록 적어도 주택정책만큼은 강화될 필요가 있다. 신혼부부를 위한 공공주택을 확대하고 주거비용을 보조하는 등의 현실적인 방안이 필요하다. 빈털터리 청춘세대의 결혼이 빚과 빚의 결합으로 전락하는 건 막아보자는 얘기다. 주거비용이 늘어날수록 소비는 급감하며 경기도 침체될 수밖에 없다.

좀 더 나아간다면 보다 적극적인 결혼 지원책을 제안한다. 한국의 결혼비용은 천문학적이다. 거주비용이 물론 태반이지만 나머지

일회성 경비도 시장만 잔뜩 키워놓아 모든 부담이 소비자에게 전가되는 양상이다. 싫으면 말라는 투다. 참고로 요즘 일본은 지자체까지 나서 결혼 중매에 적극 나섰다. 농촌·지방도시 등 인구 감소가 본격적인 지자체가 중심이 돼 인구 증가·소비 활력 차원에서 정책 지원에 나섰지만 나날이 공적인 중매 확산에 힘이 실린다. 이대로라면 공멸할 것이란 현실적인 위기감이 높아서다. 한국도 나을 건 없다.

현재 캠페인성으로 진행되는 결혼비용 절감 방안 외에 제도적 방안은 보이지 않는다. "결혼비용을 줄이자"는 주장에 그칠 뿐이다. 의지만 있다면 방법은 많다. 결혼 관련 소비 항목에 획기적인 세제혜택을 주거나 혼인신고 때 지원금을 주는 것도 좋다. 무엇보다 결혼 이후의 여러 가지 갈등을 공적으로 풀어주는 창구를 제공하는 것이 필요하다.

한국이 늙고 있다. 조로早老 속도는 위험수위다. 훗날의 노인인구가 지금 살고 있으니 고령화 전망은 틀릴 일조차 별로 없다. 주목해야 할 건 출산 감소다. 노인 부양비율의 분자(65세↑)는 대중교통 배차시간처럼 맞아 떨어지며 늘어나는데, 분모인 현역인구(15~64세)는 급감 추세다. 가분수처럼 곧 노인대국이 될 것이란 전망은 그래서 확정적이다. 우려스러운 건 기울기다. 베이비부머가 은퇴 세대로 접어들며 덩치를 키우는데 뿌리로 이를 받쳐줄 유년인구는 빠르게 감소한다. 기형화된 괴물처럼 인구구조가 변했다는 얘기다.

사회는 지속 가능할 때 건강해지는 법이다. 지속 가능의 대전제는 탄탄한 인구 구성이다. 후속 세대가 끊임없이 연결돼 바통을 받아주면 훨씬 수월하게 저성장·고령화의 국가 위기를 피할 수 있다. 재정 부담은 줄이면서 세수 확대가 가능해진다. 적어도 시간은 벌 수 있다. 그러자면 경제활동인구가 튼실하게 수혈될 필요가 있다. 출산율을 높여 분자를 키우는 게 가장 중요한 과제다. 여기까진 삼척동자도 아는 상식이다. 현실이 만만치 않다는 한계도 마찬가지다. 지속 가능한 경제·사회 건설이 말처럼 그리 간단한 과제가 아닌 셈이다.

소개팅청이라도 만들어야

인구대책은 늦을수록 그 충격이 일파만파다. 즉 장기 과제일 수밖에 없다. 온갖 노력을 쏟아부어도 즉각적인 정책효과조차 찾기 힘들다. 그래서 눈앞의 인기에 매몰될 수밖에 없는 정치권은 되도록 피하고 싶다. 목소리는 높여도 진정성은 낮을 수밖에 없다. 그럼에도 인구문제는 지체돼선 곤란하다. 훗날 상당한 후폭풍이 갈 길 바쁜 한국사회의 뒷덜미를 잡을 공산이 커서다.

따라서 지금부터라도 건강한 가족 형성을 위한 첫 관문인 결혼 장벽을 허무는 게 시급하다. 현재 한국에 직접적인 결혼정책은 거의 없는 듯하다. 결혼과 출산의 인구경제학이 갖는, 신속한 정면승부의 호소를 더 이상 회피해서는 곤란한 이유다.

결혼은 출산과 직결된다. 혼외출산이 높은 서구 유럽과 달리 외부의 시선이 따가울 수밖에 없는 동거문화를 부추길 수도 없는 노릇이다. 출산을 장려하자면 결국 결혼을 장려하는 게 필수다. 따라서 출산 장려를 위한 정책 배합과 그 우선순위에 '결혼'이란 단어를 신중하게 넣을 필요가 있다.

필요하면 정부가 중매쟁이까지 되겠다는 적극적인 인식의 전환이 필요하다. 일본의 사례를 보고 팔짱을 끼고 관람하기엔 우리에게 주어진 시간은 별로 없다. 성공 중매의 대가는 멋진 옷 한 벌에 그치지 않는다. 천년 이상을 버텨낼 대한민국의 지속 가능성이라는 값진 선물을 안겨주기에 충분하다. 그러니 결혼정책을 우선해 고려하는 건 당연한 이치다.

"결혼하겠다면 오직 행복만 생각하세요. 나머지는 정부가 모두 책임지겠습니다."

이런 편지를 받을 날은 과연 언제일까?

열쇠는
기업이 쥐고 있다

한때 대학생의 상징은 청바지 뒷주머니에 꼽힌 〈타임〉지였다. 장발과 기타처럼 캠퍼스의 청춘 상징이었다. 지금은 어떨까? 세월의 변화 탓인지 같은 공간이지만 아이콘은 확연하게 달라졌다. 내가 캠퍼스를 다녀볼 때 지금 대학생의 필수 아이템은 두툼한 토익TOEIC 책과 기업 취업서적 또는 공무원 수험서다. 도서관에 가보면 변화가 잘 확인된다. 전공서적은커녕 교양서적조차 드물어진 반면 펴놓은 책은 십중팔구 영어 아니면 취업서적이다.

대학원마저 이미 학문보다 취업이 지배한 지 오래다. 대학원에 진학하는 가장 큰 이유가 취업 스펙을 높이거나 취업 재수·삼수의 피난처이기 때문이다. 공부에 뜻을 둔 본래의 경우도 있지만 대부분은 취업무대의 보조기능으로 전락(?)하고 말았다. 심히 고약한 건 뭐라 할 수도 없는 시대환경이다. 학생들의 심정을 모르는 바 아닌 까닭이다. 우선순위는 어쨌든 취업이다. 이들에게 인생 전체의 긴 그림을 얘기해본들 먹혀들 공간은 별로 없다. "적어도 선생 앞에선 취업서적을 치우는 흉내라도 내줄래?"라는 완곡어법에 서로 겸연쩍을 뿐이다.

고학력·저임금으로 상징되는 이케아 세대는 그래도 다행스럽다. 10여 년 터울 지는 후배들이 그토록 힘들어하는 취업 관문을 어쨌든 일부나마(?) 통과해서다. 종신고용·연공서열의 선배 세대보다는 확연히 떨어지는 저임금에 열악한 계약직(비정규직) 형태가 적잖지만 부담스러운 일생일대의 시험은 끝났기 때문이다. 대기업·정규직의 굵직한 사다리에 올라탔다면 금상첨화지만 그게 아니라도 어쩔 수 없는 나이가 돼버린 것이다. 무엇보다 한층 더 심각해진 시대환경에 처한 후배들을 보면 '일찍 태어나서 다행이다'라는 상대적 안도감(?)마저 생겨난다.

'고도성장에서 감축성장으로'와 '인플레에서 디플레'로 변한 살벌해진 구조 전환이 야기한 첫 번째 몰매를 두드려 맞은 이케아 세대는 힘겹게 ±35세가 됐다. 그리고 이들은 기성세대로 살아가는 길을 스스로 버리며 눈높이에 맞춘 새로운 라이프스타일을 선택했다. 연애와 결혼, 출산은 일정 부분 포기했다. 아등바등 아파트에 목을 매기보다 가벼운 싱글 라이프의 안락함을 택했다. 시대 변화가 낳은 기회비용의 경제학이 자연스레 부각된 셈이다.

기업의 존재 이유는 이윤 추구만이 아니다

이로써 인류가 지금까지 주고받았던 바통 교체는 이케아 세대부터 거부되기 시작했다. 저항의 흐름은 한층 넓고 거세진다. 한데 모여 짠 집단 전략이 아니건만 조용하되 강력하게 동일한 방향을 향하고 있다. 그러나 이들의 행보를 바라보는 기성세대의 위기감은 아직 별로인 듯하다. 아직은 꽤 태평한 듯하다. '설마'가 '역시'로 다가오는데 시간은 크게 필요치 않은 법이다. 서둘러 이케아 세대를 품어야 하는 이유다.

이케아 세대를 이런 선택에 몰아넣은 가장 강력한 혐의는 기업에 있다. 물론 고학력·저임금의 뿌리는 저성장에 있다. 침체된 성장환경이 문제지 그 모든 화살을 기업 부문에 맞춰 쏠 수는 없다. '감축성장 → 매출 부진 → 고용 악화 → 소득 침체 → 불황 지속'의 연결고리를 탓해야지 그 중간에 끼인 기업 행위에 고용 악화의 혐의를 직접적으로 씌울 수는 없는 노릇이다.

그럼에도 심증은 짙다. 과연 기업이 돈을 못 벌어서 고용을 줄이는 것인가 하는 문제다. 아닌 것 같다. 정확히 지적하면 한 푼이라도 더 벌려는 기업의 탐욕이 일자리 불안의 근본 원인일 확률이 높다. 신자유주의로 요약되는 주주자본의 맹활약(?)이 '고용은 곧 비용'이라는 등식을 만들어냄으로써 직원을 소모품으로 전락시켰다는 혐의다. 그 결과가 벌어들인 돈을 나눌 때 '자본 분배율 > 노동 분배율'로 고착화됐다.

명분은 좋다. 정글법칙의 무한경쟁을 내세우니 다 같이 죽지 않자면 뼈를 깎는 구조조정이 불가피할 수밖에 없다. 그럼에도 기업의 곳간은 매년 넘쳐난다. 사내 유보로 불리는 내부 잉여금으로, 이는 벌어들인 돈을 나눠주지 않고 쌓아둔 결과다. 적어도 1990년대 후반 이후 사내 유보와 직원 임금은 반비례해 움직이는 경향이 일반적이다.

기업 입장에선 인건비만큼 손쉽게 줄일 수 있는 항목도 별로 없다. 필요할 때 쓰고 소용이 떨어지면 버리면 간단하다. 요컨대 '고용 유연화'다. 구조조정 때 인적 조정이 최후 항목이라는 법률 장치가 있지만 실제 적용되고 있는지는 의문스럽다. 정부만큼 힘세진 기업이 법률을 피하는 방법은 적지 않다. 저임금의 단기계약인 비정규직이 매년 급속도로 늘어나는 이유다. 노조가 지켜주는(?) 골치 아픈 정규직은 최대한 떨어내고 신규 노동은 가급적 비정규직으로 충당하면 기업 입장에선 앉아서 고용비용을 줄이는 효과를 기대할 수 있다.

삼성고시와 현대자동차고시

반대로 대기업·정규직에 대한 갈망은 그만큼 높아진다. 기업 인심이 근로자를 소모품으로 여기는 상황인지라 적은 확률일지언정 양질의 안정된 일자리라면 인기가 높아지는 게 당연하다. 이케아 세대 중 일부도 이 관문을 통과했고, 앞으로도 마찬가지일 것이다. 다만 절대다수는 이 영광을 맛볼 기회조차 없을 수도 있다.

관건은 기업의 자세 변화다. 기업의 철학이 바뀌고 고용 관행이 변하지 않는다면 어쩔 수 없다. 정부가 당근(인센티브)과 채찍(페널티)으로 유도할 수는 있겠지만 공은 그래도 기업 쪽 코트에 있을 수밖에 없다. 돈을 버는 게 지상 최대의 목적인 기업의 합리적인 선택 카드가 더 이상 사회 전체의 갈등과 비용 청구로 전가되지 않도록 나서야 할 때다. 기업의 존재 목적은 이윤 추구만이 아니다. 잊혀진 '사회 환원'이란 역할도 부활되는 게 마땅하다.

2013년 10월 13일. 취업시장이 클라이맥스에 달한 날이다. 삼성그룹 입사를 위한 필기시험이 치러졌기 때문이다. 전국 80개 고사장도 모자라 미국 등 해외 고사장까지 준비됐다. 응시자는 9만 명. 대학수학능력시험과 9급 공무원시험에 이어 규모로 3번째라고 한다. 'SSAT(삼성직무적성검사)'로 불리는 관련 수험서만 50종이 넘고 특강과 모의고사까지 성행한다. 해마다 응시생이 느니 사교육까지 들썩대는 건 당연지사다. 면접 경쟁률은 18대 1을 기록했다. '삼성고시'의 완성이다. 삼성을 예로 들었지만 대기업 사정은 엇비슷하다. 현대자동차에도 10만 명이 몰렸다.

취업의 관문을 뚫으려는 애절한 몸부림이 불필요한 사회비용을 낳는 현장은 또 있다. 면접을 위한 사교육시장이 대표적이다. 외모지상주의와 맞물려 성형은 기본이고, 웃고 말하는 방법까지 가르치는 속성 학원이 수두룩하다. 승률이 높다는 학원은 부르는 게 값이다. 면접 현장에선 거짓말까지 유도(?)한다. 가령 여성의 경우 면접 때 남자친구가 있냐고 묻는다면 대답은 'No'다. 있다면 더더욱 'No'다. 입사 이후도 마찬가지다. 결혼과 임신 소식을 알리는 건 도박에 가깝다. 개인으로선 경사지만 조직 입장에선 '버릴 타이밍'으로 해석되기 때문이다. 공식적으로야 존재하지 않는 차별이지만 알음알음 뿌리내린 관행에 가깝다. 그러니 회사에 남기 위해 여직원은 노처녀의 길을 걸을 수밖에 없는 현실이다.

또 다른 사회비용은 이직과 전직 현장에서 찾을 수 있다. 대기업·정규직에 한 번 무릎을 꿇었다고 끝난 건 아니다. 이케아 세대처럼 끊임없이 회사 점프를 시도하는 게 일반적이다. 가령 중소기업에 잠시 의탁한 후 옮겨가겠다는 생각이다. 그도 그럴 게 중소기업과 대기업은 격차가 크다. 한국만큼 격차가 큰 나라도 없다. 임금만 해도 적잖은 차이다.* 때문에 중소기업에 들어가면 그간 투여한 막대한 비용은 무용지물이 된다. 그러니 빨리 빠져나오려 안달이다. 특히 이케아 세대처럼 경기 불황 때 노동시장에 진입한 세대는 본인의 능력과 의지와 무관하게 불리한 처지에 놓일 수밖에 없다.

● 2009년 대기업 신입사원 평균임금은 2,406만 원임에 비해 중소기업은 1,748만 원에 불과하다. 2000년 각각 1,462만 원, 1,102만 원이었으니 격차가 더 벌어졌다. 반면 노동시간(월)은 대기업(187시간)이 중소기업(194시간)보다 더 적다. 2003년 역전된 게 지금껏 유효하다(제10차 국가고용전략회의, 2010).

기업이 다시 써야 할
새로운 성공의 기준

결국 고용 안정의 활로는 기업에 달렸다. 문제 해결의 황금열쇠는 순전히 기업이 쥔 형국이다. 이케아 세대를 비롯해 고용 불안의 절벽에 선 청년세대를 품에 안고 불필요한 갈등을 야기하고 온갖 사회비용으로 전가되는 청구서를 줄이기 위해서는 기업의 전향적인 자세 변화가 필수다. 고학력·저연봉의 딜레마를 풀어내는 활로야말로 고용 결정권을 쥔 기업에 달렸다는 얘기다.

물론 더 정확하게 강조하자면 이케아 세대의 오늘과 내일은 순전히 CEO의 결심과 실천에 달렸다. 최고경영진의 작은 변화가 한국사회의 큰 활로를 여는 계기가 될 수 있다는 의미다. 나아가 한국이 직면한 온갖 사회·경제적인 피폐·폐색의식도 CEO의 전향적인 입장 선회로 일정 부분 희석시킬 수 있다. 그리고 이 제안에 동의한 CEO의 선택이 결국 옳을 수밖에 없음을 증명하는 연구 결과도 상당수에 이른다.

그러자면 넘어서야 할 장벽이 있다. '고용은 곧 비용'이라는 금전 부담에 대한 인식의 전환이다. 차분히 설명하겠지만 결과적으로 고용은 비용이 아닐 확률이 높다. 되레 장기·안정적인 고용 확보가 기업의 실적을 끌어올린 사례가 많다. 따라서 중요한 것은 이를 실천하려는 경영철학과 이를 실현하려는 노력이다. 십분 인정해 금전 부담이 들어도 충분한 경제성을 증명해준 선행 사례도 많다. 졸저 《그때는 왜 지금보다 행복했을까》*에서 아사히맥주나 시세이도 같은 20개 기업을 연구한 결과도 그렇다. 위기와 역경 속에도 직원 존중의 경영철학을 지켜 명품기업이 된 사례다. 업종이나 규모, 업체의 종류도 다양해졌다.

필자는 고용 안정을 필두로 일할 맛 나는 회사의 성공조건을 10가지로 제시한 바 있다. 많은 경영자와 근로자가 고민·추구하는 행복한 직장 만들기의 기초 토대로서의 10대 조건이다. 청년 근로자뿐 아니라 전체 직원 모두가 상생·조화의 행복한 환경을 만들

● 《그때는 왜 지금보다 행복했을까; 복지대국을 위한 20가지 힌트 기업복지론》, 전영수, 맛있는책, 2012.

어낸 공통분모를 꼽아보니 10가지로 요약할 수 있었다. 내용은 아래와 같다.

1. 일과 가정 모두를 지키려는 회사 의지가 발현된 양립 조화
2. 누구나 할 말 하는 시원시원한 사내 공기(횡적인 커뮤니케이션)
3. CEO가 직접 실천하는 명문화된 직원 복지
4. 숙련된 베테랑을 존중하며 일자리를 제공하는 정년 연장
5. 사회문제로 부각된 비정규직 차별 금지
6. 튀는 아이디어의 제도화
7. 기업의 성공 DNA가 직원 개개인에게 유산이 되는 사내 문화
8. 생사고락을 함께하는 공동체적 가족주의 경영
9. 행복의 원천은 돈보다 마음이 먼저인 월급 초월
10. 종신고용의 경제학으로 일컬어지는 해고 금지

철학 있는 경영이 명품기업을 만든다

10대 성공조건은 특정 세대에 한정되는 이슈가 아니다. 세대 전체와 생애 전체에 공통적으로 관통하는 교집합으로서의 성공 변수다. 그리고 그 목적은 장기적인 고용환경의 수립이다. 동시에 그 실

현 과정에서 일차적인 수혜는 고용 약자로 방치된 이케아 세대 등의 청년그룹에 집중될 수 있다. 특히 상시적 해고 공포에다 저임금까지 강요받는 이케아 세대에게 직접적인 고용 안정의 활로가 되는 항목은 CEO의 실천력(3), 비정규직의 차별 금지(5), 금전 한계 넘는 월급 초월(9) 등으로 압축된다. 청년 복수를 막는 기업의 실천 항목 중 우선순위인 셈이다. 졸저의 내용을 재구성해 이케아 세대의 고용 불안을 잠재울 이들 우선순위를 짧게 소개한다.

첫째, 장기·안정적인 고용을 챙기려는 CEO의 마음가짐이다. 이는 비단 이케아 세대뿐 아니라 직원 전체에 해당하는 '인간 존중의 경영학'에 대한 주문이다. 요즘 일본에선 원조 스타 CEO를 둘러싼 재조명이 한창이다. 자본 독주의 불협화음을 고쳐낼 유력한 대안으로 이들의 직원 사랑이 거론되고 있다. "돈은 떠나도 사람은 남는다"고 한 마쓰시타 고노스케松下幸之助를 비롯해 인간 존중의 혼다이즘을 만들어낸 혼다 쇼이치로本田章一郎, 금권적인 자본주의 대신 자애적인 자본慈本주의를 강조한 이나모리 가즈오稻盛和夫 등이 대표적이다.

핵심은 사람의 잠재력이다. 또 그 추진 동력은 강력한 CEO가 아니면 달성할 수 없다. 즉 '직원 만족(행복)'이라는 행복한 근무환경을 만드는 일등공신이 CEO의 강력한 의지라는 얘기다. 낮은 자세로 직원이 스스로 즐겁게 일하도록 근무환경을 만들면 장기적인 고용 보장은 당연지사다. 언제 어디서든 튀어나오는 구조조정 대신 명문화된 강력한 실천 의지로 고용 불안을 없애는 형태다.

둘째, 비정규직은 청년 고용을 상징하는 단어다. 주지하듯 그 최초의 불안 집단이 이케아 세대다. 20대 절반이 비정규직이라니 두말하면 잔소리다. 이는 '고용=비용'에 따라 주주자본주의를 받아들인 국가에서 나타나는 공통적인 현상이다. 젊을수록, 여성일수록 비정규직은 광범위하다. 값이 싼 데다 언제든 버릴 수 있으니 비정규직이 애용(?)될 수밖에 없다(최근엔 중·고령 근로자의 비정규직화도 증가세다). 정부도 기업 재편과 도태를 위한 정리해고를 용인함으로써 손발을 맞췄다. 고정비였던 인건비는 이제 변동비로 변질됐다. 회계장부는 건전(?)해졌지만 근무환경은 살벌해졌다.

자르고 깎는 데 익숙한 한국

비정규직의 선택카드는 외견상 기업 수익 창출에 도움을 줬다. 고정급·수당 등 급여 총액은 줄어들었다. 비정규직 증가가 임금 하락의 원인이 됐다는 가장 강력한 설명 변수다. 이런 비정규직은 다양한 사회문제의 진원지다. 인생 자체가 꼬이면서 정상적인 사회 구성원 역할을 수행하지 못한다. 하류인생이 넘쳐나니 사회의 품격은 유지될 리 만무하다. 이는 저출산·고령화와 맞물려 '고용 불안 → 절망 증대 → 미래 상실'을 야기한다.

정규직이라고 안전하지는 않다. '책상'을 지키기 위한 야근과 과로가 일상이다. 살아남은 자의 불안이다. 직장은 삭막해진다. 동료는 경쟁자로 전락했다. 사연社緣의 붕괴다. 홀로 버텨내야 할 사회적 부담·압력의 자연스러운 증가다.

따라서 비정규직의 고용 불안을 없애면 상당한 기대효과를 거둘 수 있다. 무엇보다 고용 불안 탓에 포기된 청춘그룹의 결혼·출산의 생애 이벤트가 자연스레 복귀된다. 독신사회 대신 유연有緣사회로 되돌아올 수 있는 이유다. 차별도 줄어든다. 비정규직에 씌워진 차별이라는 옥쇄를 풀 수 있어서다. 또 노후 생활의 안전판인 연금 수혜가 탄탄해질 수 있다. 국민연금이 전부인 비정규직도 기업연금과 개인연금을 포함해 촘촘한 연금 그물을 만들 수 있어서다.

비용 부담이 걱정되면 단일노동·단일임금을 적용해 시간제(단시간) 정규직으로 전환해도 된다. 근무시간에 따라 유연하게 임금을 조정하는 것이다. 즉 비정규직을 통한 경비 절감적인 단기수익보다 정규직 확대 적용을 통한 장기·구조적인 기업 경쟁력을 갖춰야 할 때다. 이웃 일본에서는 이를 실천한 노사 상생의 성공모델이 적지 않다.

셋째, 그래도 비용이 부담된다면 금전 보상을 초월할 수 있는 묘책이 있다. 연봉과 행복의 상관관계는 절대적이지 않다는 게 중론이다. 돈만으로 의욕과 성과 향상을 기대할 수는 없다. 다른 형태로 직원의 업무 만족도를 충족시키는 기업이 금전 보상에 의존하는 기업보다 성과가 높아진 구체적인 경우도 많다. 직접적인 금전 보상이 아닌 새로운 제도를 설계하는 것이 필요하다. 미국의 경우 구글이나 사우스웨스트항공 등이 대표적이다. 이들이 중시하는 리더십·창의성·시너지·혁신 등의 키워드는 금전 보상이 아닌 직원의 자발적 잠재력 발현에 의지한다. 즉 '마음의 보수'에 대한 주목이다. 인정·칭찬·배려·신뢰 같은 감정 보상의 힘이 주목되면서 따뜻한 기업문화가 유력한 대안으로 떠오른 배경이다.

부담스러운 연봉 인상보다 큰 부담이 없는 법정 외 복리비를 활용하는 것을 검토해볼 수 있다. 허용 가능한 수준에서 법정 외 복리비를 늘렸더니 직원 만족과 근로의욕이 기대 이상 발휘됐다는 사례에 대한 주목이다. 대표적인 것이 카페테리아 플랜이다. 사원에게 일정 포인트를 부과하여 자신이 누리고 싶은 것을 선택하게 하는 식의 복리후생제도다. 입맛에 맞는 자율적 선택으로 가령 자녀가 없다면 교육비 지원 대신 다른 걸 선택하면 된다. 과거엔 일률 적용이었기에 기대효과가 적었다. 받아도 아이가 성장한 간부사원에 한정돼 고루 적용되는 혜택이 아니었다.

존경받는 기업은 사람을 홀로 두지 않는다

이케아 세대와 관련해서는 자녀수당을 강화하는 것이 바람직하다. 가려운 곳을 긁어준 일본의 사례가 이를 뒷받침한다. 실제 일본 기업의 경우 법정 외 복리비 중 최다 증액 항목이 육아비용이다. 2002년 32엔에서 2007년 100엔으로 3배 늘었다. 육아휴가·휴직 확충에다 탁아소 개설 등을 채택한 기업이 늘어나서다.

가령 한국계 일본인인 손정의가 창업한 소프트뱅크는 5번째 자녀에게 일시 축하금만 500만 엔을 지급한다. 2007년 4월부터 1번째(5만 엔), 2번째(10만 엔), 3번째(100만 엔), 4번째(300만 엔), 5번째(500만 엔) 등 다자녀일수록 금액이 커지도록 했다. 쿄세이(共立)메인터넌스는 2008년부터 3번째 자녀 이후는 일시축하금 10만 엔과 초등학교 졸업 때까지 12년간 매년 30만 엔을 지급하기 시작했다. 이는 기업이 저출산 대책에 적극 참여한다는 걸 사회적으로 어필할 수 있다는 파생효과도 크다.

한국사회의 미래는 자라나는 청년에게 있지 않다. 기업과 경영자에게 달려 있는 것이 현실이다. CEO가 당장의 이윤 욕망을 버리기란 쉽지 않다. 반대로 사회 환원의 대의명분을 지키는 것도 쉽지 않다. 그래도 더 이상 미루거나 방치해선 안 된다. 한 번 미안해서 그렇지 자르고 깎는 데 익숙하면 공멸의 길을 자초하는 것과 같다.

지금 우리의 이케아 세대는 많이 아프다. 그 후배인 88만원 세대는 두말할 필요조차 없다. 그런데 그 이유는 십중팔구 고용 불안 탓이다. 일이 없고 돈이 없어 방황하고 고민하며 사라질 찰나다. 임직원에게 변화와 변신을 요구하기 전에 기업 스스로 잊은 일은 없는지 생각해볼 일이다. 수백 년을 잇는 장수기업은 결코 직원을 외롭게 방치하지 않는다.

OB들만의 축제

공공기관 평균연봉 톱은 한국거래소다. 1인당 평균연봉은 1억 1,453만 원(2012년)으로 평균근속은 17.2년이다. 오래 다녔으니 월급이 많겠지만 반대로 많이 받으며 오래 다닐 수 있다는 의미로도 해석된다. 뿐만 아니다. 1인당 평균 11일 휴가를 썼지만 566만 원의 연가보상비를 받았다. 또 평균 복지포인트가 200만 원에 경로효친지원금이라고 따로 580만 원이 지급됐다. 1억 5,000만 원 안팎의 고연봉 직원 중 56명은 직책조차 없다. 차량관리, 시설관리, 예비군·민방위 업무가 고작이다. 이 밖에도 교통비, 자녀학자금 등 복리후생은 놀라울 따름이다.*

이 회사(?)에 유감은 없다. 다만 어마어마하다 못해 할 말을 잃을 지경이다. '신神의 직장' 중 으뜸인 곳이라니 딱히 새로운 건 없다. CEO를 비롯한 고위직은 불문가지다. 천문학적인 연봉·성과급을 챙겨가 잊혀질 만하면 뉴스거리에 오를 정도다. 낙하산 전쟁이 치열한 이유다. 임직원으로서는 억울할 수 있겠다. 힘들게 들어왔고 열심히 일한 결과라면 "아, 그런가?" 할 말이 없다. "왜 우리만 갖고 그래!"라고 항변해도 할 말은 없을 것 같다.

다른 곳은 더하다. 가령 한전(한국전력)의 부채는 55조 원이다. 그런데 2009년 2,300만 원이던 신입사원 연봉이 2010년 43퍼센트 오른 3,300만 원, 2011년 15퍼센트 인상된 3,800만 원을 받았다. 성과급은 2008~2012년에만 1조 6,000억 원을 나눠줬다. 도공(도로공사)은 또 어떤가. 26조 원의 부채를 졌으면서 성과급으로 5년간 3,000억 원을 뿌렸다. 대학원 학비는 1인당 최대 7,070만 원을 지급했다. 부채와 성과급이 비례한다는 새로운 학설(?)마저 탄생할 판이다.

짜증을 돋우는 곳은 비일비재하다. 경영평가 D등급(낙제 수준)을 받은 한 공기업(에너지관리공단)은 퇴직자에게 1인당 150만 원

● 〈비즈니스워치〉, '2013 국감키워드 5. 신의 직장', 2013.10.24. 기사 내용을 토대로 필자가 요약·정리한 것이다.

의 순금열쇠를 증정했다. 원전 비리로 홍역을 치른 곳(한국수력원자력)은 퇴직자 1인당 200만 원의 상품권과 100만 원 상당의 연수비용을 지원했다. 방한비로 약 25만 원의 아웃도어 재킷을 나눠주고 1인당 상품권만 150만 원을 챙겨준 곳(한국수출입은행)도 있다. 민간에선 사라진 복리후생이 이곳에선 여전하다.

2013년 국회 국정감사에서 밝혀진 내용 중 '일부'다. 빙산의 일각일 뿐이란 얘기다. 다 그렇지는 않겠지만 초록동색이라고 이런 혐의가 있음 직한 공공기관만 현재 295개에 달한다니 어느 정도인지 추정할 수 있겠다. 혐의라 했지만 정도의 차이만 존재할 뿐 이런 방만한 도덕적 해이는 사실상 예외가 없을 것으로 판단된다. 공공기관의 태생(?)적 한계가 이를 조장·확산시킬 수밖에 없어서다. 기업 행위를 가장(?)한 기득권 세력의 고질적인 이기주의의 표현이다.

국정감사가 끝나면 모두 잊혀질 잘못

이런 난맥상을 접하다 보면 사실 어질어질하다. 속이 부글부글 뒤집어진다. 괜히 열나고 짜증스러운 게 제정신인가 싶다. 상식으로 이해가 불가능한 집단들이다. 단어가 없을 뿐 '심각'이란 표현으로는 부족하다. 가히 총체적 난국이다. 필요하면 얼마든 빚을 일으킨다. 그래도 국감 기간만 지나면 된다. 하루만 버티자는 주의다. 매년 지적당하지만 매년 똑같은 레퍼토리는 반복된다.

변화란 기대하기 힘들다. 정글법칙이 먹혀드는 평범한 시장이라면 일찌감치 업을 접는 게 당연하지만 이들은 그렇잖다. 시장에선 냉혹한 경쟁법칙에 따라 하루에도 숱한 사례가 절벽 끝으로 내몰리지만 이곳은 성역에 가깝다. 문제가 적발되고 시정조차 불가능하면 찍어내는 게 옳다. 하지만 불가능하다. 찍어낼 주체가 없거니와 그 유인조차 약해빠졌기 때문이다. 관리감독의 상부조직은 장기적으로 봤을 때 감싸는 게 합리적인 선택이다. 그들이 퇴직한 후 훗날 CEO나 임원, 고문이라는 이름으로 몸을 의탁할 곳이기 때문이다. 낙하산이다. 박봉(?)의 공무원으로 살아온 대가로 단기간에 한몫을 챙기자면 어쩔 수 없다.

피해는 고스란히 국민 몫이다. 힘겹게 번 돈이 그들 뒤치다꺼리에 다 들어간다. 매년 여러 차례 오르는 요금에 세금·수수료·보험료 등 거둬들일 땐 맹렬하게 뽑아내놓고 그들끼리는 어떻게 소문 안 나게 더 챙겨갈지 돈 잔치에 여념이 없다. 국감을 피할 눈치만 늘어난다. 그래도 괜찮다. 관객의 악평은 연극이 지나면 곧 잊혀지기 때문이다. 금세 잊는다는 관객의 특성을 너무도 잘 알기에 눈앞의 칼날만 피하면 한몫 받아가는 데 문제는 없다. 지적하는 야당

의원이나 섹시한 뉴스에 목매는 언론이나 지나면 그뿐이다. 모두 그 나물의 그 밥인 기득권 세력인 까닭이다.

야유의 커튼콜은 금방 잊혀진다. 관객은 이제 일상생활로 되돌아가 힘들어진 내일을 준비해야 한다. 지나친 관심은 결코 바람직하지 않다. 삭히면서 잊는 게 최선(?)이다. 생활의 여유를 없애버린 기득권 세력의 기획은 그래서 일반 국민의 정치 관심과 실천행위를 허용하지 않는다. 그토록 거세게 공격하던 야당 의원도 국감 종료 후 존재감은 수그러든다. 어제의 적이 오늘의 동지가 되듯 멋쩍게 웃으며 생활인(?)으로 복귀한다. 짜증스러운 여운과 어정쩡한 뒷맛은 관객의 오늘밤 꿈만 어지럽힐 뿐이다.

하지모토 신드롬

당연히 이래서는 곤란하다. 국정감사가 사회 자원을 선점·독점한 기득권 세력의 동문회·망년회로 끝나면 한국사회에 희망은 없다. 누가 얼마나 더 가졌는지 때리는 척하면서 부러움에 그치는 질시의 장면은 단절돼야 한다. 누가 더 조직 논리에 부합하는 경영을 했는지 깨지면서 경쟁(?)하는 부처주의 야합 영상도 마찬가지다. 이를 바라보는 관객의 박탈·소외·절망의 심정은 그 어떤 묘사로도 정확히 그려낼 수 없다. 사회적 도의를 넘어섰으니 세상 단어로는 묘사가 불가능하다. 제발 다음 국감에서는 재방송이 되지 않기를 바랄 뿐이다.

감춰진 그들만의 게임법칙으로 더 많은 걸 움켜쥐려는 기득권 세력은 이 밖에도 셀 수 없이 많다. 차라리 공공기관은 형식적이나마 국정감사의 견제장치나 있지 대부분은 그렇지도 않다. 몸통과는 한참 떨어진 날개 끝의 작은 깃털일 뿐이다. 고작 이걸 뒤졌는데 이토록 분노거리가 많으면 하물며 가려진 커튼 뒤는 어떨지 상상조차 불가능하다. 적법과 위법·탈법의 경계선 위에서 아슬아슬하게 기득권을 지키고 늘리려는 선점 세력은 부지기수다.

늦게 태어났고, 없을 때 데뷔했으며, 덩치조차 적다는 이유로 대놓고 복종을 강요해선 곤란하다. 지금처럼 초대받지 않은 잔치에 불러놓고 코 묻은 부주까지 요구하며 노역을 시킨다면 분노하지 않을 사람이 없듯 지금이야말로 이들의 일거수일투족과 사고체계를 읽어내는 게 먼저다. 적으나마 잔치 음식을 나눠먹고 체계적으로 지원하며 희망을 안겨주는 게 시급하다.

그리고 이 첫걸음은 잔치판을 즐긴 기득권 세력이 떼는 게 옳다. 이때 줄기차게 중심을 잡고 까다롭지만 공정하게 심판 역할을 해야 할 곳이 정치권이다. 이케아 세대의 방치가 낳을, 조만간 펼쳐질 세대 갈등의 디스토피아를 피하자면 정치가 바로 서는 게 그 지름길이다. 다행스럽게도 정치에는 그만한 파워가 있다. 정치 생명을 길게 가져가고 훗날 제대로 된 정치인으로 남겠다면 공정하고 균형적인 대의명분을 통해 잘못을 뜯어고치려는 자세가 필수다. 4년 후의 비굴(?)한 큰절을 반복하기보다 언제 어디서든 당당한 지지를 요구하는 게 옳다.

이와 관련해 소개하고픈 정치인이 있다. 적어도 한국에서도 이젠 이런 정치인 한둘은 필요하지 않을까 싶어서다. 실제 기득권 세력과 기성세대에 맞서 기존 질서와 사회제도의 근본적인 개혁 요구를 강조함으로써 일본판 이케아 세대에게 엄청난 인기와 몰표를 받은 인물이다. 다만 대전제는 2011년까지로 한정된다. 이후엔 초심을 잃은 탓인지 궤도를 잃은 탓인지 맛(?)이 훅 갔기 때문이다. 따라서 현재의 이 인물이 바람직하다는 건 아니다. 때문에 그와 관련된 설명은 모두 과거형으로 쓴다. 오해 말기를 바란다.

주인공은 하시모토 도루橋下徹 오사카 시장이자 일본유신회 공동대표다. '하시모토 현상(신드롬)'이란 신조어를 만들며 '젊음'의 아이콘으로 부각된 인물이었다. 개혁 대상으로 떠오른 늙은 구태·기득권 세력에 당당히 맞서는 인기 절정의 뉴스메이커였었다. 차세대 정치지도자로 급부상하며 열도 사회와 정치계를 폭풍 속으로 유도했었다. 인기는 상상 초월이었다. 특히 청년세대의 응원 목소리가 높았다. 정치인 인기순위에선 단연 1위였다.* 고질적인 정치 혐오가 새로운 신인 발굴로 이어진 결과였다. 정치인 중 유일하게 지지율이 뛰는 인물이었다.

한 정치인이 이룬 변화가 말하는 것

그는 1969년생이다. 노객들이 판치는 일본 정계에선 지금도 젊다. 지지하는 이유는 다양했다. 우선 명확한 피아彼我 구분이었다. 주된 공격 대상은 이미 사다리 위를 독점한 늙은 기성세대였다. '신의 직장'이자 '철밥통'을 움켜쥔 공무원 사회가 대표적이었다. 제대로 된 복지가 안 되는 가장 큰 이유가 공무원의 안일한 세태 대응과 불감증이란 지적이었던 것이다.

반대로 허점투성이인 복지 시스템과 세금 누수에 따른 청년세대의 상대적 박탈감은 위로의 대상이었다. 때문에 기성세대의 상징인 단카이團塊세대에 집중된 그간의 복지 수혜에 메스를 대겠다는 의지가 확고했다. 노소, 빈부 격차 등의 절망감에 좌절하고 정치

● 《장수대국의 청년보고서》, 전영수, 고려원북스, 2012. pp.475-482. 산케이産經의 2012년 신년 기획 차기 총리 후보 순위에서 1위(21.4퍼센트)를 차지했다. 이상적인 지도자 랭킹에서는 5위에 꼽혔다. 메이지유신 기획자인 사카모토 료마坂本龍馬를 비롯해 역사·은퇴 인물을 뺀 현역 중 1위였다.

에 무관심하던 청년세대를 설득해낸 원동력이 여기에 있었다. 기존 정치도 격파 대상이었다. 파벌과 돈으로 그들만의 네트워크를 지키던 정치 관행에 제동을 건 주역이었다. 스스로 집단·배경주의를 중시하는 일본 정계에선 철저한 비주류로 기존에 맞서 성공 스토리를 써왔다.

성장 배경과 사회 이력도 세간의 주목을 받기에 충분한 스토리를 갖췄다. 감동을 안길 정도의 충분한 스펙 때문이었다. 그의 아버지는 신분 차별이 여전히 공고한 일본의 최하층 천민집단部落民 출신에, 그것도 야쿠자로 살아왔었다. 'BBC'는 대놓고 그를 깡패 아들Gangster로 묘사했었다. 부친이 자살한 후 모자 가정에서 자라는 동안 가난은 익숙한 친구였었다.

그렇다고 좌절은 없었다. 일찍부터 고학하며 와세다 대학교에 입학했다. 대학 때는 지금의 부인과 동거해 일찍 아버지가 됐다. 7남매의 아버지로도 유명했다. 말로만 출산 대책을 쏟아내는 기성 정치인과 비교할 때 그는 생생한 실천가로 비쳐질 수 있었다. 1994년 사법시험에 합격한 후 공중파에 고정 출연하며 전국적인 지명도를 쌓았다. 이때부터 "일본은 썩었으며 지금 고치지 않으면 미래가 없다"는 개혁 지향적인 정치 발언을 쏟아내며 팬을 확보했다. 2007년 정치 신인은 고향 오사카에 출사표를 던졌고 승리하며 부府지사에 당선됐다. 기존 세력으로선 충격이었다.

젊고 패기 넘치는 신임 수장이 취임한 오사카는 표리부동의 정치인들과 달랐다. 공약 실천은 첫날부터 단행됐다. 예산 삭감(1,000억 엔)을 위해 본인 월급부터 30퍼센트 줄였다. 이 밖에 낭비 방지·비용 절감 차원의 수많은 개혁 과제에 손을 댔다. 타깃은 공무원이었다. "당신(공무원)들은 파산한 회사의 직원"이라며 "죽을 힘으로 개혁하고 함께 죽자"고 강조했다. 공무원 월급은 깎였고 단체보조금은 적잖이 삭감됐다. 반발은 거셌다. 특히 복지 전달체계와 관련된 시민단체와 노조와는 사사건건 부딪혔고 독재자란 별명까지 얻었다. 타협은 없었다. 연일 강공 드라이브를 날렸다. 그로부터 2년 후, 오사카는 흑자로 돌아섰다. 인기는 치솟았고 지지율은 80퍼센트대를 반복했다.

물론 화무십일홍이었다. 승승장구하던 그는 2012년부터 급격하게 세를 잃기 시작했다. 지역정당까지 창당해 상당한 인기몰이를 해왔지만 오래가진 못했다. 2011년 '더블 선거(오사카부·오사카시)'에서 집권여당과 제1야당이 공동 지원한 단일후보를 현격한 격차로 물리쳐 '오사카의 반란'을 일으킨 정치 주역이었지만 설화禍가 결국 문제를 낳았다. 청년 정치인답지 않게 보수 우익 성향이 두드러져 색깔을 잃었기 때문이다. 군국주의를 지지하고 핵무장을 강조하면서 한국과도 왕왕 갈등을 일으킨 게 두고두고 걸림돌이 됐다는 분석이다. "한국에 진 빚은 없다"거나 "일본인의 중국 매춘

관광은 경제 원조"라고 하는 등 이해 못할 발언이 그렇다. 이후 중앙정당으로 성장했지만 초심을 잃은 대가는 커 현재 이렇다 할 주목은 못 받는 상태다.

골리앗과 싸울 다윗을 기다리며

이쯤에서 다시 강조하고 싶은 건 적어도 초심初心을 가진 청년 세력의 대변자로서 그의 존재다. 그가 기존 정치에 휩쓸려 표류한 건 관심조차 없다. 우리가 주목해야 할 것은 그의 데뷔 초기 때 보여줬던 기득권 세력에 대한 맹렬한 비난과 그 파격적인 개혁 성과다. 누구도 하지 못한 골리앗에 대한 정치 신인의 메스는 그 정도로 관심과 애정을 독차지했다. 청년세대 등이 집중적인 응원을 보냈지만 80퍼센트의 지지율에서 확인되듯 정치에 신물이 난 거의 모든 계층이 그를 지원했다는 얘기다.

반면교사는 또 있다. 초년 성공의 딜레마를 극복하지 못한 그의 정치적 한계다. 애초 타파와 개혁을 내걸었던 용기 있는 승부수가 여론 지지에 힘입자 모두를 후원자로 접수하고픈 과욕의 무리수로 변질됐다는 점이다. 평균 나이 70에 정당을 띄운 노인들과의 정치적 M&A는 그의 생존무기였던 참신한 개혁 지향성을 순식간에 훼손시켰기 때문이다. 젊은 과욕이든 정치적 판단 실수든 초라해진 지금의 그라면 두고두고 후회할 일이 아닐까 싶다. 좀 더 안정적이고 장기적인 정치 입지를 바랐던 걸 이해하지 못할 바는 아니나 초심 망각의 부메랑은 꽤 날카로웠다.

한국에서도 이젠 이런 정치인이 나올 때가 됐다. 다만 위의 예처럼 중간에 전략을 수정한, 혹은 애초 감췄던 걸 무르익자 드러낸 반쪽짜리가 아닌 올곧은 자세로 청년 정치를 고집스레 추진할 인물이 등장할 기운이 무르익었기 때문이다. 계층·계급·세대 등을 나눠 굳이 갈등 지향적인 전선 확대를 할 필요는 없겠지만 적어도 갈등의 불씨를 제대로 지적하고 이를 개선하려는 뚜렷한 의지와 지향성을 갖춘 정치인이 필요해진 것이다.

무엇보다 기성세대와의 타협 없이 명확한 지향성을 끝까지 고수하는 청년 정치가 요구된다. 살아 숨쉬지만 존재성이 미약한, 그래서 기존 사회에선 투명인간이 돼버린 이케아 세대의 목소리에 귀 기울이고 고민을 공유하며 그 어깨를 두드려줄 정치인의 요구 기반은 완성됐다. 청년 지지를 우렁차게 외쳐도 충분히 먹혀들 시대가 된 것이다. 게다가 이케아 세대의 지분은 결코 미약하지 않다. 살아내기 바쁘고 이리저리 흩어져서 그렇지 잠재력은 충분하다.

이쯤에서 원천적인 문제 제기를 던진다. 아쉽지만 그래도 기대할 수밖에 없는 질문이다. 이대로라면 결코 지속될 수 없는 시한폭

탄을 안은 채 저벅저벅 걸어갈 수밖에 없는 갈등 천지의 한국사회라 더더욱 그렇다. 이를 재편할 정치인을 찾는 건 당연지사다.

"청년을 위한 정치, 당신은 어디에 계신가요?"

이케아 세대는 지금 간절히 이런 사람의 출현을 기다린다. 나온다면 고공행진의 지지율은 떼어 놓은 당상일 텐데 참으로 아쉽다. 그럼에도 불구하고 우리는 기대한다. 민심을 그토록 잘 알고 따르는 그들(?)이라면 이만큼 매력적인 지지 집단도 없는 까닭이다.

일곱 번 넘어져도
우리 다시 일어나요

'반半수생'이란 말이 있다. 대학생이자 재수생인 어정쩡한 학생을 일컫는다. 대학에 합격해놓고도 다시 입시 재수를 선택해 신분이 애매한 경우다. 숫자는 연간 5만~6만 명에 달한다. 재수생으로 불리는 졸업생 중 응시자가 대략 그 2배니 2명 중 1명은 반수생이란 결론이다. 이유는 간단하다. 지금의 대학이 마음에 들지 않아서다. 점수가 더 높고 유명한 상위권 대학 진학이 목표다. 이를 위해 지금 학교에 적籍을 걸어두고 재차 도전해보려는 차원이다. 입시전쟁의 한 단면이다.

재수는 입시에서 끝나지 않는다. 대학 졸업 후 취업시험에서도 자주 목격된다. 취업 재수생이다. 삼수생을 넘어 장수생까지 있다니 졸업 이후 1년 정도는 귀엽게(?) 봐준다. 신입사원 평균연령이 30세를 웃돌아 '늙은 신입'이란 우스갯소리마저 흔해졌다. 또 취업 재수의 심리적 압박은 대학 입시에 전혀 뒤떨어지지 않는다. 더하면 더하다. 인생 항로를 결정할 운명적인 최종 승부처란 생각이 크기 때문이다. 여기서 패배하거나 탈락하면 '해 뜰 날'은 사라진다고 생각한다.

안타깝게도 원하는 질 좋은 일자리를 움켜쥔 취업 승자는 손에 꼽힌다. 워낙 대기업·공무원 등 안정적인 정규직이 적어서다. 얼마 안 되는 질 좋은 일자리를 위해 그 10배의 취업 준비생이 경쟁에 뛰어드는 구조다.

반대로 말해 그중 90퍼센트는 패배의 멍에를 질 수밖에 없다. 구조적인 취업 재수생 양산 시스템이다. 즉 청년 집단 대다수는 취업 경쟁에서 패할 수밖에 없다. 패할 줄 알면서도 긴 인생을 생각하면 결코 피할 수 없는 정면승부다.

이탈하면 추락하는 중산층의 덫

이를 해결하고자 눈을 낮춰 일자리를 찾자는 조언이 많다. 즉 대기업은 자리가 없는 반면 중소기업은 사람이 없는, 요컨대 고용의 미스매칭을 풀자는 얘기다. 아주 설득적이고 현실적인 대안이다. 문제는 이걸 받아들이기 힘든 인식의 한계에 있다. 인생 전체를 지배할 낙인효과 탓이다. 그간 투여한 막대한 교육·취업비용이 무용지물이 될뿐더러 눈높이를 낮춘 타협 결과가 평생 낙인이 돼 경력에 오점(?)을 남기기 때문이다. 중소기업에 다녔으니 능력이 떨어질 것이란 비이성적인 편견이 그렇다. 결국 경기 불황 때 노동시장에 진입한 이케아 세대를 비롯한 청년그룹은 본인의 능력과 무관하게 불리한 처지를 받아들일 수밖에 없다.

문제는 또 있다. 낙인효과는 연애·결혼 장벽으로 존재한다. 결혼은 중대한 신분 변화의 계기다. 고소득층으로 진입하겠다면 특히 그렇다. 때문에 대부분은 적어도 비슷한 환경의 배우자와 연애·결혼하는 게 현실이다. '동류교배 현상'이다. 이때 일자리라는 현실이 비교열위에 있다면 배우자 찾기는 꽤 힘들어진다. 공시公試족 200만의 탄생 배경이다.

부모에게도 고통을 준다. 중산층이 되고자 눈물겨운 노력을 한 부모세대는 그들의 경험상 상대적으로 삶이 고달플 수 있는 일자리를 자녀에게 권하기 힘들다. 때문에 취업을 위해 무리수를 둬가면서 갖고 있는 모든 에너지를 투입하게 된다. 역설적이게도 이 선택은 곧 부모의 노후 빈곤 부메랑으로 되돌아온다. 부자 공멸의 함정이자 중산층의 덫이다.

송호근 교수의《그들은 소리 내 울지 않는다》를 보자. 참신한 소재와 가슴을 울리는 문장으로 인기 있는 베스트셀러다. 하지만 이 책엔 수정돼야 할 게 있다. 2장의 타이틀인 '아픈 청춘은 그래도 행복하다'란 문구는 고쳐지는 것이 마땅하다. '행복하다'가 아닌 '행복했다'로 말이다. 50대 베이비부머의 20대 때 얘기니 당연히 과거형이 맞다. 실제 내용도 자수성가한 부모세대의 사례 소개와 현재 고민 중인 20대의 무게를 비교한 것이니 더 그렇다.

읽고 지나칠 수 있는 이 작은 문제 제기를 하는 이유는 사실 복잡하다. 세대 갈등의 핵심 배경을 이 글자에서 찾아낼 수 있기 때문이다. 요컨대 부모세대의 20대는 행복했다. 갈수록 나아질 희망과 열정과 미래를 20대 때 공유했다. 비록 사회 초년기를 비롯해 꽤 힘든 삶을 살았지만 나아질 것이란 희망과 기회가 제공됐기 때문이다. 그러던 게 30년이 지나 50대가 되니 절망과 불행과 공포로 변질됐다고 어루만진다. 즉 '행복 → 불행'의 신세 타령(?)이다.

그런데 지금의 자식세대는 아니다. 애초부터 행복을 맛볼 기회를 차단당했다. 바늘구멍처럼 좁혀진 성공의 관문을 뚫지 못하는 한 '불행이 불행을 불러오는' 반복된 삶이 예고될 뿐이다. 부모의 지원에 힘입어 책상에 앉아 공부해 대학에 들어갔더니 캠퍼스 낭만은 온데간데없이 입학과 함께 취업 준비에 매달리며 연애보다 토익이 먼저일 수밖에 없는 이들에게 행복은 찾아보기 힘들다. 웃

245

음기가 사리진 캠퍼스엔 그럴 만한 이유가 있는 법이다.

사회 진출은 또 얼마나 막막한가? 취업은 인생 전체를 결정할 단판승부로 굳혀졌는데 갈수록 승률은 낮아지는 추세다. 취업난이다. 굳이 가타부타 말을 보탤 필요조차 없다. 설사 10명 중 1명에 뽑혀 취업 축하잔치를 벌인다 한들 행복의 여운은 오래가지 못한다. 살인적인 주거·양육·교육비를 떠올리면 차라리 혼자가 속편하다. 이것도 청춘의 행복이라 강요하면 그러려니 할 수밖에 없다. 이후 삶이 더 팍팍하다는 조언(?)으로 제격인 까닭이다.

7전8기가 가능한 사회로

이를 풀 방법은 없을까? 해법은 단순하다. 애초의 불행을 줄임과 동시에 '불행에서 행복으로'의 극적인 반전 시나리오를 구축하면 된다. 애초의 취업 불행을 줄이자면 앞서 강조한 기업·CEO의 인식 전환이 전제되고 이를 제도적으로 지지할 정부 의지가 발현되면 된다. 동시에 '불행 → 행복'을 위한 반전 기회를 제공하면 기대 효과는 훨씬 커진다. 시작은 미약했으나 끝은 창대하게 맺을 수 있는 제도적인 기반 구축의 필요다. 그러면 한 번 패했다고 좌절·포기할 일은 줄어들고 사회비용도 경감된다.

요컨대 '패자부활전'의 필요다. 일자리를 둘러싼 청년 갈등의 모든 원인은 대부분 패자부활전의 부재로 귀결된다. 재도전의 기회가 없으니 모든 개인 자원을 총동원해 취업 승부에 나선다. 그럼에도 불구하고 실패 함정에 빠지면 그 늪에서 결코 탈출할 수 없다는 위기감은 유령처럼 본인과 가족을 괴롭힌다. 한 번 떨어지면 끝이기에 모든 걸 걸고 경쟁에 뛰어들고 승리를 쟁취할 수밖에 없다는 얘기다.

이로써 한국사회에서 '7전8기'는 사라질 찰나다. 적자생존·승자독식의 냉엄한 철학 원리인 신자유주의가 팽배하면서 그나마 존재했던 패자부활전을 원천 봉쇄했다. 이제 실패를 두려워하는 사회다. 그러니 위험한 창업보다 안정된 직장이 최고로 간주된다. 없진 않지만 '실패 → 재도전 → 성공'의 연결고리는 적잖이 희박해졌다. 피 말리는 경쟁에서 실패는 영원한 낙오일 뿐이다. 불만이나 저항조차 못한 채 하류인생으로 전락한다. 약한 숨을 쉰 채 연명하는 인생 낙오자에게 동아줄은 결코 내려오지 않는다. 갖은 고통을 온몸으로 짊어지도록 강요받는다. 막 사회 데뷔를 타진하는 어린 청년들에게 패자부활전의 기회 상실은 상상 이상의 가혹한 징벌과 마찬가지다.

패자부활전은 희망의 다른 이름이다. 패자부활전은 모두가 불행해지는 경쟁의 악순환을 막기 위해 반드시 필요한 제도적 장치다.

패자들에게 다시 기회를 줘야 희망은 사라지지 않는다. 더구나 한 번 경쟁에서 졌다고 모든 기회를 빼앗는 건 옳지 않다.

성공은 수많은 시행착오에서 비롯되는 법이다. 실패를 뛰어넘은 성공이야말로 값질 수밖에 없다. 게다가 누구든 인생 경로에서 좌절과 실패를 경험하는 법이다. 실패 경험을 사장시키는 건 사회 전체에 낭비다. 실패에서 배우는 지혜가 값지다. 좌절을 맛본 경영자가 실패 확률이 적지 않은가?

패자부활전은 희망의 이름이다

그렇다면 어떻게 해야 패자부활전을 재가동할 수 있을까? 어떤 방식으로 절대다수의 청년 좌절을 건져낼 수 있을까? 아쉽게도 정책은 이미 많이 나왔다. 하나같이 적잖은 고민 끝에 제시된 패자부활전의 대책이라 눈여겨봄 직하다. 가령 가난 탓에 교육·취업 기회가 줄어드는 것을 막고자 반값등록금이 제시됐고, 비정규직이라도 얼마든 성공할 수 있는 차별 해소도 나왔으며, 아예 청년 고용을 의무 할당하자는 주장도 구체적인 대안이라 할 수 있다.

창업 실패를 북돋우고자 연대보증 해소·철폐도 첫발을 뗐다. 실패자를 뽑지 않으려는 기업의 연령·성별 차별적인 채용 관행에 대해서도 손질할 것을 촉구한다. 약속한 듯 가을에 이뤄지는 집중적인 신입사원 일괄 채용의 문호도 넓히라는 제안도 있다. 아예 대학 입시를 포함한 교육제도를 손보자는 말도 의미가 있다.

결국 중요한 건 의지다. 늘 재원의 한계가 자주 거론되지만 돈 문제는 그 다음 논의사항이다. 의지만 있다면 방법은 얼마든 만들 수 있는 법이다. 반대로 지금껏 대부분의 정부는 청년정책을 후순위로 미루거나 눈앞의 인기 영합에 휘둘렸을 뿐이다. 흉내에 그쳤을 공산이 크다. 대중의 눈과 귀를 장악할 매력적인 정책 발굴에 공을 들인들 새로운 건 별로 없다. 제시된 정책만이라도 차근차근 실천해갈 때 한국사회의 지속 가능성은 높아진다.

파이,
함께 키울 수 있다

전문가가 말한다. "일자리가 최고의 복지입니다."

정부는 기업에 요구한다. "투자(일자리)를 늘려주세요."

기업은 맞받아친다. "투자하고 싶어도 못 합니다."

정부가 또 묻는다. "어떻게 해주면 됩니까."

기업이 답한다. "규제를 풀어주세요."

귀에 못이 박이게 들리는 논리의 흐름이다. 틀린 말은 아닌데 안타까운 건 기업에 휘둘린다는 느낌을 지울 수 없다는 점이다. 친親기업정책을 택하지 않아도 이 논리의 결론은 늘 이런 식이다. 어쨌든 열쇠를 쥔 건 기업인 까닭이다. 경제발전을 위해서는 기업 부문의 기여가 절대적일 수밖에 없어서다. 결국 규제 완화가 돌고 돌면 양극화로 귀착됨에도 불구하고 정부로선 고용 안정·확보를 위해 기업의 요구를 무시할 수 없다. 성장이냐 분배냐의 끊임없는 논리 대결이 뫼비우스의 띠처럼 해석되는 이유다.

아쉽게도 저성장·고령화 시대엔 감축성장이 불가피하다. 감축성장이라 했지만 장기·구조적인 저성장이란 게 옳다. 포장해 말한다면 성숙성장도 좋지만 갈 길이 멀다는 점에서 어떤 식이든 성장 기반을 확대하는 게 무엇보다 시급하다. 가용 가능의 전체 자원을 총동원해 달성할 수 있는 이상 목표인 잠재성장률만 해도 벌써 3~4퍼센트대로 추락한 지 오래다. 앞으로 더 떨어질 건 명약관화다. 즉 '성장 하락 → 매출 감소 → 투자 축소 → 고용 감소 → 소득 하락'의 장기 추세가 고착화될 확률이 높다. 양질의 일자리는커녕 주변부 일자리조차 줄어들 수밖에 없다.

노인에서 시민으로

따라서 성장은 시급한 과제다. '고도성장 → 감축성장'의 불가피한 흐름이라 방관하고 낙담하기보다 그 흐름을 최대한 지체시킬 뿐 아니라 추가적인 경제성장을 위한 '총동원령'이 필수다. 경제성장은 만능의 열쇠다. 분배 갈등이 없지는 않겠지만 모두에게 적든 많든 성장의 수혜가 나눠지기에 상당 부분 사회 갈등을 저지할 수 있다. '경제 → 사회'로 확산되는 유무형의 긍정적 파급효과도 상당하다. 이게 멈춰 설 때 비로소 수면 아래에 가려졌던 갈등 변수가 급부상하는 법이다. 지금 한국사회가 딱 이 상태다. 결국 파이를 더 키우는 수밖에 없다. 그래야 기업(매출 증대)도, 정부(재정 확충)도, 가계(소득 향상)도 희망적인 지속 가능성을 확보할 수 있다.

문제는 이게 마뜩잖다는 점이다. 손쉬운 과제가 결코 아니다. 구조적으로 경제성장을 위한 시대환경이 악화된 결과다. 대표적인 게 저출산·고령화의 인구 감소다. '인구 감소 → 노동력 감소 → 생산 하락 → 성장 감소'의 판에 박힌 논리구조 탓이다. 실제 인구 감소는 경제적 악재일 확률이 높다. 생산성이야 여성·외국인 근로자의 구원투수로 부족분을 벌충한다지만(물론 이것도 꽤 어렵다) 적어도 사회보장제도의 과부하만큼은 방법이 없다. 재정 악화다. 사실상 대부분 연구기관의 시산자료에 수정이 필요할 정도로 각종 연금의 고갈 속도는 빠르다.

물론 소비시장에선 어느 정도 원동력이 될 수 있다. 고령인구의 절대 규모가 크다 보니 이들의 소비지출이 커질 수밖에 없는 논리구조다. 더 오래 사는 장수시대니 그럼직하다. 즉 총량으로 현역 세대의 소비 감소를 은퇴 세대의 소비 증가가 벌충할 확률이 높다. 실버산업에 대한 기대감이 높은 이유다.

다만 현실적으론 다르다. 은퇴 세대의 가처분소득이 기대 이하다. 생각해보라. 노인들이 돈을 쓰는지. 가계 금융자산(1,500조 엔)의 60~70퍼센트를 장악한 일본의 부자노인조차 돈을 쓰지 않는 판이니 불문가지다. 쟁여둔 자산은 많은데 들어오는 소득이 적은 '고자산·저소득'이 장수 위험과 만나 발생한 결과다. "언제까지 살지 모르니 맘 놓고 쓸 수 없다"는 이유다. 그래서 일본의 실버산업은 빗나갔다.

'창조경제'라는 캐치프레이즈가 온 나라를 뒤흔들었다. 한국경제를 책임질 미래 지향적인 새로운 성장 기반으로 지명된 덕분이다. 누구도 정확한 뜻을 모르는 모호한 개념이었지만 적어도 창조경제가 성장 함정에 빠진 한국경제의 차기 동력이라는 점은 명확했다. 정부도 그렇게 밝혔고, 실제 성장 활력의 바통을 받아줄 차기 주자가 필요했기 때문이다. 그럼에도 불구하고 아직 판단은 이르지만 세간엔 온갖 품평이 난무한다. 개중엔 부정적인 전망이 적잖다. 그만큼 먹히고 받아들여지는 새로운 성장 기반을 마련한다는 게 쉬운 일이 아니라는 반증이다.

성장과 분배, 함께갈 수 있다

그렇다면 인구 감소(저출산·고령화)에도 지속적인 경제성장을 유도할 새로운 성장 기반을 쌓는 건 포기해야 하는 것일까? 당위론도 현실론도 이를 받아들일 수는 없는 노릇이다. 환율 변동을 감안할 때 1인당 국민소득 2만 달러조차 안심하지 못한다는 점에서 선진국 문턱에 안착하자면 새로운 성장 도약이 불가피하다. 90퍼센트를 웃도는 과도한 무역의존도를 봐도 대외변수에 휘둘리지 않으려면 자생적인 성장 기반을 갖추는 게 필수다. 나라 밖 해외시장의 상황이 계속해 좋을 수만은 없듯 나빠질 때 이를 통제하지 못한다면 내부 충격은 한층 커질 수밖에 없다. 한국이 과거 겪은 두 번의 대외위기(외환위기와 금융위기)는 그 단적인 사례다.

　다행스러운 건 참고할 수 있는 선행 모델이 존재한다는 점이다. 안정적인 내수 기반의 새로운 시장 창출이 필요하다. 게다가 인구 감소와 고용 악재라는 시대 상황을 호재로 활용하는 새로운 성장산업이면 더할 나위 없다. 이때 주목해야 할 게 고령화에 따른 복지 수요 증가사례다. 복지 공급을 비단 정부가 독점할 게 아니라 시장화하자는 이야기다. 즉 '생산적 복지*'다. 아픈 노인의 수발을 노는 노인 또는 현역 실업자가 맡는 식이다. 복지가 갖는 생산주의 성격을 극대화함으로써 의료·간병 등의 사회·인적 자본을 키우는 형태다. 복지를 통한 성장모델을 구축한 대표사례는 '제3의 길The Third Way'과 '큰 사회론Big Society'의 영국이다. 이런 한국적 복지 수급의 사업모델로는 최근의 협동조합·사회적기업·NPO 등의 제3섹터를 고려할 수 있다.

저출산·고령화에 따른 인구 감소가 새로운 성장 기반이 될 수 있다는 가설은 예산 배분의 장기적 추이를 봐도 확인할 수 있다. 보건·복지·노동 등 이른바 복지예산은 확대가 불가피한 탓이다.

2013년 한국의 전체 예산은 349조 원인데 이 중 복지예산이 99조 원에 달한다. 약 28퍼센트로 단일 항목으로는 최대 예산이다. 2007년에는 61조 원이었는데 2016년엔 113조 원으로 한층 불어날 전망이다.[**] 거의 10년 만에 2배 증가다. 경기 부양을 위한 전형적인 재정 투입인 사회간접자본Social Overhead Capital, SOC 부문이 25조 원(2013년)에 그쳤다는 걸 감안하면 복지비용은 상당한 금액이 아닐 수 없다. 이를 성장 기반으로 활용하는 건 그래서 당연한 시대적 주문이다.

● 《세대전쟁》, 전영수, 이인시각, 2013. 이 모델과 관련해서는 졸저 《세대전쟁》에서 자세히 설명한 바 있어 여기서는 간단하게 정리했다.
●● '2013년도 대한민국 재정', 국회예산정책처, 2013.

노인의 지혜와 청년의 에너지를 잇자

세대 융합적인 성장모델을 구축하는 것도 바람직하다. 노인인구와 청년인구가 각각 지닌 특유의 장점과 한계를 뒤섞어 여기서 새로운 가치 창조의 가능성을 만들어보자는 의미다. 경제적으로는 시장 창출이 가능하고 사회적으로는 세대 갈등의 해소에 도움이 된다. 실제 활발한 세대 교류·접촉 강화는 서로에게 이롭다. 노인은 젊은이의 창의성을 배우고, 청년은 노인의 축적된 경험을 배우는 식이다.

이런 세대 연대는 충분히 많은 사례가 존재한다. 그 연대의 잠재성은 대단하다. 손자 양육, 사회 공헌, 경험 전수 등 다양한 세대 연대가 목격된다. 고령대국 일본에서는 숙련된 기술을 전수하고 젊은 청년 정신을 결합해 새로운 부가가치를 창조하려는 시도가 늘고 있다. '지혜주머니'로 일컬어지는 베테랑 노인으로부터 청년 집단이 얻는 시대 난제의 극복 방향은 유력한 성장모델의 후보 반열에 올랐다.

한국도 마찬가지다. 사례를 보자. 요즘 강남의 증권사 창구를 돌아다녀보면 공통점이 있다. 국내 주식이 지지부진해지면서 해외 펀드와 채권 등을 사려는 노인인구가 많다. 마케팅까지 열을 올리면서 은퇴 자금을 책임질 새로운 수단으로 해외시장이 부각된 결과다. 워낙 투자 활로가 없으니 충분히 그럴 만도 하다.

　다만 이는 아쉽다. 기성세대의 목돈이 해외 투자에 열중하는 와중에 청년그룹의 창업자금은 씨가 말랐기 때문이다. 재능이 있어도 자금이 없어 포기하는 경우가 적잖다. 재능을 알아봐줄 선배를 찾지만 대상도 루트도 잘 모른다. 이런 단절 구조만 연결시켜도 부가가치 창출은 가능해진다. 노인그룹은 엔젤투자자가 되고 청년은 아이디어를 다듬은 사업계획으로 그 자금을 얻을 경우 서로를 위한 상생의 부가가치가 완성된다. 이런 자리를 제도적으로 많이 만들어 공식화하는 것이야말로 세대 융합적인 협업모델이다.

　노인은 지혜가 넘친다. 반면 청년은 행동력이 높다. 전자는 방향은 잘 알아도 동력이 적은 한편 후자는 힘은 넘치는데 우왕좌왕하기 일쑤다. 이를 조합하면 생각지도 못한 새로운 성과가 도출될 여지가 충분하다. 세대 관통의 교류·대화 확보로 감정적이기 쉬운 계급장은 떼놓고 서로에게 도움이 되는 결과 도출에 매진하면 아이디어는 무궁무진하게 추출될 수 있다. 필요하면 이를 모으고 지지하는 세대 초월적인 정책 창구를 만드는 것도 바람직하다. 요컨대 '세대교류청' 같은 기능 조직을 만들어 일원화함으로써 기대효과를 높이는 것이다.

　노인과 청년은 모두 투명인간으로 취급당하기 딱 좋다. 있지만 없는 존재로 무시·방치·소외되기 십상이다. 지금 대한민국의 엄연한 현실이 그렇다. 이들 투명인간에 대한 재조명이 폐색 상태의 한국경제를 극복할 돌파구가 될 수 있다. 버는 것 없이 쓰기만 하는 잉여그룹이라는 오명 대신 새로운 부가가치 창출을 위한 생산인구로 적극 편입할 때 저성장·고령화의 딜레마도 하나둘씩 풀려나갈 수 있다. 이들을 제외할수록 한국경제의 성장 도약은 그만큼 힘들어진다. 버릴 수 있는 사람은 아무도 없는 법이다.

소멸과 도약, 기로에 선 한국

소멸할 것인가, 부활할 것인가? 한국사회가 고빗사위에 섰다. 많은 점에서 과거와는 달라진 환경 변화에 직면했기 때문이다. 불행하게도 대부분은 악재다. 그간 순풍에 올라타 잘나갔던 한국호의 앞날은 한 치 앞조차 내다보기 힘들어졌다. 여차하면 전복될 찰나다. 복병은 뭘까. 인구 감소, 성장 지체, 분배 갈등, 사회 피폐, 병리 증폭 등 일일이 세기 힘들다. 더 큰 문제는 이들 역풍을 일으키는 변수들이 동시다발적으로 한국호의 진로를 가로막는다는 점이다.

그래도 절망하기엔 이르다. 역풍은 노력 여하에 따라 얼마든 순풍으로 바꿀 수 있다. 절망보다 희망으로 대처해야 하는 이유다. 어쩌면 의미 있는 작은 변화 하나가 한국호의 미래 항로를 한층 순탄하고 탄탄하게 뒷받침할 수 있다.

그럴 만한 자신감을 가져도 괜찮은 게 또 한국이다. 늘 위기를 극복해온 과거 경험과 잠재된 저력이 있기 때문이다. 일례로 우리는 국민소득 1만 달러 안팎에서 맞닥뜨리는 '중진국의 함정'을 멋지게 넘어섰다. 저개발국가에서 개도국(중진국)으로 넘어선 사례는 많지만 다음 단계인 '개도국 → 선진국'의 궤도에 성공적으로 올라탄 경우는 일본과 함께 한국이 유일하다. 아시아의 기적을 얘기할 때 '한강의 기적'은 모범사례로 손꼽힌다. 인정하든 않든 대부분 국제기구도 한국을 이미 선진국으로 간주한다.

또다시 한국은 새로운 허들 앞에 섰다. 선진국에 들어섰지만 새롭게 부각된 저성장·고령화의 이중 악재를 어떻게 극복할지가 관건이다. 넘어서면 새로운 성공 스토리를 쓸 수 있지만 넘어지면 절벽 아래로 몰락한 세계사의 주인공이 될 수밖에 없다.

주지하듯 상황은 만만찮다. 성장을 위한 한국호의 엔진 동력은 떨어졌고 인구 감소로 노를 저을 사람도 줄고 있다. 그럼에도, 넘어서야 한다. 소멸할 수밖에 없는 힘든 현실임에도 불구하고 부활해야 할 수밖에 없는 중차대한 순간이다. 소외되고 방치된 이케아 세대의 반발과 복수가 한층 확대되기 전에 한국호의 엔진 앞에 이들을 불러 모으는 게 시급해졌다. 이대로라면 늙은 한국의 미래는 침몰밖에 없다.

이를 위해 필자는 앞서 8가지의 제안을 정리해 소개했다. 비단 8가지만으로 해결할 수 없을뿐더러 보다 매력적인 대안도 많을 것이다. 부족한 건 필자의 한계일 수밖에 없지만 적으나마 표준편차로의 청년 복귀를 위한 담론 구성의 계기가 된다면 이에 만족한다. 그럼에도 불구하고 제시한 내용을 실천한다면 한국은 얼마든지 재도약의 길을 걸을 수 있다고 확신한다. 저성장·고령화의 선진국병을 해소하고 새로운 한강의 기적을 창조하는 밑알이 될 수 있다. 다만 이런 제안만으로는 부족할 수밖에 없다. 수많은 아이디어를 눈앞의 현실로 체화시킬 몇 가지 대전제가 해결돼야 한다. 이것이야말로 미래를 바꿀 히든카드의 힘이다.

중요한 건 이들 제시 방안이 실제 운영되고 확대되는 것이다. 말로만 떠도는 게 아니라 실천적인 첫발을 떼고 여론의 공감대를 획득하도록 하자는 얘기다. 이때 비로소 이케아 세대를 비롯한 청년그룹의 개별적이지만 사회 전체에 무차별적인 악영향을 미치는 근원 문제를 해소할 수 있다. 청년그룹의 '패배 → 좌절 → 소외 → 이탈'의 집단복수를 막을 수 있는 실체적인 장치 마련이 필요하다. 이는 현재 시점에서 가장 중차대한 히든카드가 아닐 수 없다. 동시에 필자가 제시한 8가지, 혹은 그 이상의 유력한 대안들보다 더 결정적이고 중요하다.

이쯤에서 2013년 세계경제의 주요 이슈 중 하나인 '아베노믹스'를 언급하지 않을 수 없다. 버블 붕괴와 맞물린 대표적인 선진국병인 20년 장기 불황을 일본은 '아베노믹스'로 사실상 탈출했다고 필자는 평가한다. 아직 완성되지 않았지만 2013년 성적표만으로 합격점을 주기에 아깝지 않다. 주목해야 할 건 그 실현 과정이다.

금융 완화·재정 확대·성장 동력의 3개 화살로 요약되는 아베노믹스는 사실 새로운 게 없다. 과거에 다 써본 처방전이다. 먹혀든 건 순전히 심리 회복의 성공 덕분이다. 이를 추동한 게 정치 리더십의 강력하고 확고한 의지 발현이다. 새로울 게 전혀 없는 정책을 명확한 단어로 엮어 동시다발·무차별적으로 시행하겠다는 리더십의 반복된 입장이야말로 정치가 경제를 주도한다는 걸 극명하게 증명해줬다. 여기서 참고로 필자가 쓴 칼럼의 일부를 간단하게 소개한다. 중요한 건 실현하겠다는 정치적 의지란 점을 다시 강조한다.

> 아베정권은 정치가 경제를 쥐락펴락할 수 있다는 점을 확실하게 보여줬다. 어떤 정치냐에 따라 활황과 불황 여부가 확연히 갈릴 수 있어서다. 물론 대외 여건이나 내부 개혁 등 아베정권 이전의 노력 성과가 기여했을 수도 있다. 다만 이런 건 모두 하위 변수에

불과하다. 만약 그저 그런 또 다른 단명 총리가 재현됐다면
일본경제는 기지개조차 피기 힘들 수 있다. 요컨대 핑계거리일
뿐이다. 결국 경제 실패는 정치 부재의 탓이 크다. 적어도 그
혐의에서 벗어나긴 힘들다. 한국처럼 저성장 · 고령화의 구조적
성장 한계를 지닌 국가에선 특히 경제를 되살릴 정치지형의 복원이
시급할 따름이다. 정치를 위한 정치만 존재할 경우 경제적 박탈 ·
소외감은 치유 불능에 빠지게 된다. 성장은 둘째 치고 현재 상황은
갈등비용만 키우고 있다. 우려스럽다. 이젠 나서야 할 타이밍이다.
그 주체는 역시 정치다. 결국 최고 리더십이 결단해야 할 때다.•

정치가 힘만 내세워 강요하면 그 부작용은 적잖은 법이다. 정치
는 최후의 심판자이자 최종적인 중재자로서 이해관계자들끼리의
대화와 협력을 주선해야 한다. 편을 들어주기는 곤란하다. 이를 통
해 균등하고 공평한 자원 배분의 불가피성과 정당성을 설파하는
게 맞다. 특히 이미 균형추가 뒤집혔다면 이를 바로잡으려는 가치
중립적인 개입이 필요하다. 기득권의 양보다.

• '아베정권의 힌트, 경제는 정치하기 나름', 전영수의 일본 읽기, 〈뉴스핌〉, 2013. 칼럼의 원본은
다음 사이트를 참고할 것. http://www.newspim.com/view.jsp?newsId =20131028000387

기성세대의 용기 있는 내려놓음

다만 이는 상상을 초월하는 반발이 뒤따른다. 없는 걸 받는 건 쉬워도 줬던 걸 빼앗는 건 어렵다. 그래서 필요한 게 정부의 강력한 의지다. 늘 그랬던 것처럼 돈과 표를 바꾸려는 유혹에 함몰되지 말고 그토록 좋아하는(?) 대의명분을 지키려는 확고한 자세가 그렇다. 미래 한국의 지속 가능성은 지키지 않을 수 없는 추구 가치가 아닌가.

결국 관건은 기득권의 내려놓음이다. 일부가 한정자원을 선점·독점하면 나머지는 소외집단으로 전락할 수밖에 없다. 거국적 양보를 통해 더 장기적이고 확장적인 열매를 나누는 게 낫다. 이를 위해서는 끊임없는 대화가 필수다. 얼굴을 맞대고 문제를 해결하려는 진정성이 필요하다. 혁명은 이제 존재하지도 필요하지도 않다. 부모·자녀처럼 반복적이고 장기적인 대화 공유로 서로를 이해하는 게 먼저다. 포기는 금물이다. 언론 등 기성 사회는 이케아 세대의 숨통을 틔어줄 대화 창구를 제공할 의무가 있다. 처음엔 미약해도 나중엔 중대한 소통장치가 된다.

이케아 세대 및 그들의 20~30대 동생 세대를 포함해도 청년그룹은 소수파다. 경험도 자산도 노하우도 별로 없다. 또 성장시대 교육 경험으로 집단 성과보다는 개인 플레이에 익숙하다. 정면충돌해

봐야 아무런 의미도 진척도 없다는 얘기다. 불균형과 이해 대립을 내세워 그들의 기득권을 내려놓으라고 주장한들 먹혀들 틈은 없다. 그렇다면 기득권 세력에게 명예혁명의 승자로 남을 기회를 주는 건 어떨까. 무혈혁명의 주역으로 남게 세대전쟁의 평화로운 해결을 위한 주도권을 그들에게 먼저 안기는 것이다. 잘되면 그 완성은 세대 단결이다. 내분이 아닌 단결로 시대 난제의 해법을 풀어내는 '지혜주머니'로 재승격하는 것이다.

기득권의 '내려놓음' 사례는 이웃 일본에서 확인할 수 있다. 세대 갈등의 진원지이자 가장 첨예한 대결 이슈인 연금문제의 미래 지향적인 해결 사례가 목격되기 때문이다. 저부담·고급여, 즉 적게 내고 많이 오래 받는 지속 불가능의 연금제도가 어떻게 개혁돼야 할지 그 방향을 확인할 수 있다. 연금은 어떤 것이든 지금 이대로라면 성립될 수 없는 전형적인 사회제도다. 유지하자면 지급액을 줄이는 수밖에 없다. 문제는 그 결정권이 기득권 세력에 있다는 점이다. 제도개혁이 힘들거나 시도되지 않는 근본 이유가 여기에 있다.

일본항공 OB 직원의 선택

그 사례는 일본항공JAL이다. 한때 일본의 하늘을 책임졌지만 경영 악화 끝에 2010년 법정관리를 신청했다. 대마불사大馬不死를 깨트린 이 뉴스는 일본 내에서도 충격적인 대형 사건이었다. 부도의 원인 중 하나는 연금구조였다. 국민연금(1층)과 후생연금(2층)에 이어 3층인 기업연금 부담이 과도하게 컸던 것이다. 가뜩이나 경영 악화 탓에 기업 순이익이 줄어드는 판에 퇴직한 선배사원OB의 기업연금까지 가중돼 경영 파탄에 빠진 것이다. 시중금리가 사실상 제로금리인 상황에서 기업연금의 확정적인 지급이율을 4.5퍼센트로 설정한 것도 부담을 늘렸다. 결국 그 끝이 법정관리였다.

그런데 이후 은퇴 직원들은 결단을 내렸다. 기업연금의 개혁은 퇴직자의 3분의 2가 찬성해야 가능한데 누구든 찬성할 리는 없다. 받을 돈이 줄어드는, 스스로 목줄을 죄는 결정을 할 수 없어서다. 그런데 JAL의 OB들은 양보했다. 여러 갈등과 소요가 있었지만 찬성으로 통과됐다. 이는 누구도 예상하지 못한 결과였다.

결과가 부정적이었기에 누구든 판도라의 상자를 열 용기가 없었다. 그냥 최대한 덮고 쉬쉬하며 복지부동의 자세만이 처세의 전부였다. 그렇지만 개혁이 안 되면 대량해고 등 구조조정이 불가피했다. 설득의 힘은 컸고 이해의 폭은 넓었다. 삭감계획이 통과되지 않으면 회사가 조만간 파산청산을 할 것이란 위기감이 컸기 때문이다.

투표 당일 뚜껑이 열렸다. 결과는 삭감 찬성이었다. 최종 투표일에 찬성표가 집중적으로 쏟아졌다. OB들이 찬성한 건 사실 현실적인 타협 결과였다. 거부하면 그나마 받는 기업연금조차 불확실해져서다. 또 삭감계획이 받아들여지지 않을 정도로 가혹하지도 않았다. 약간의 손실 부담이 전부였다. 평균 40만 엔의 기업연금액 중 30퍼센트 삭감이었다. 25만 엔의 공적연금(1~2층)까지 포함해 65만 엔을 받던 것에서 50만 엔으로 줄어드는 것에 불과했다. 퇴직자로서는 상대적으로 손해(?)가 분명하나 이 정도면 생활이 어려운 수준도 아니다. 반대했다면 기업연금 자체가 어떻게 될지 누구도 알 수 없게 된다는 점을 감안하면 찬성하지 않을 이유가 없었다.

이것만으로 회사는 지속 가능성을 끌어올렸다. 연금 지급을 위한 기업보전분이 불필요해지면서 기업연금만으로 자기 완결성을 갖게 됐다. 공적연금이라면 세금으로 충당되는 지급액만 줄인 것에 불과했다. 게다가 지속 가능성을 높인 건 4.5퍼센트의 이율을 국채금리(장기) 수준으로까지 낮춰버린 결정이다. 무리하게 고율의 연금을 줄 가능성을 차단한 것이다. 이로써 JAL의 기업연금은 갈등 조정 속에 탄탄한 존속 기반을 갖추게 됐다. 1년 만에 법정관리도 졸업했다.

나이가 들수록 '내려놓음'은 바람직하다. 미국의 사회심리학자인 윌리엄 새들러William Sadler는 《서드 에이지 마흔 이후 30년》에서 제3기를 40세 이후의 30년으로 규정했다. 이 시기에 행복하기 위해서는 △습관적인 생활 재검토와 생활 변화의 위험을 감수할 것 △현실적이며 낙관적인 태도를 지닐 것 △긍정적인 제3기 인생의 정체성을 확립할 것 △일에 대한 재정의와 일과 여가를 조화시킬 것 △개인적 자유와 친밀감을 조화시킬 것 △본인은 물론 타인에 대한 배려하는 마음을 갖출 것, 이렇게 6가지가 필요하다고 분석했다. 하나같이 더불어 사는 기본 전제로서, '내려놓음'이 공통적이다. 이게 전제될 때 노후 인생은 쇠퇴Decline, 질병Disease, 의존Dependency, 우울Depression, 노망Decrepitude의 5D 인생에서 벗어나 갱신Renewal, 갱생Rebirth, 쇄신Regeneration, 원기 회복Revitalization, 회춘Rejuvenation의 5R 인생을 펼칠 수 있다고 했다.

정치인은 선거로 태어난다

말하지 않으면 잘 모르는 법이다. 세상사 그렇게 이해심이 깊지는 않다. 때문에 필요한 것을 적재적소의 순간에 발언하고 요구하는 것이야말로 미래를 바꿀 히든카드의 또 다른 항목이다. 적극적인 정치 참여다. 아무리 강조해도 지나치지 않는 말로 진정성을 갖춘 대리인을 원한다면 자발적이고 적극적인 몸짓이 필수다.

　일본에선 이런 말이 있다. 연령별로 10퍼센트를 더하면 투표율이 나온다는 셈법이다. 20대면 30퍼센트, 60대면 70퍼센트 식이다. 젊을수록 선거 참여가 낮다는 걸 비꼬는 의미다. 투표해본들 뜻이 반영되지 않으니 포기하겠다는 심정을 이해 못할 바는 아니다. 어차피 소수그룹이라는 체념도 있다. 그 시간과 정성에 개인적인 기회비용을 찾는 게 낫다는 의식의 발로다.

그러나 정치인은 선거로 말한다. 선거 결과에 극히 민감할 수밖에 없다. 잠깐의 외도가 아니라 정치권력의 맛을 본 경우라면 온갖 분석법을 총동원해 다음 선거에 대비한다. 승패에 무관하게 누가 찍었고 누구를 포섭(?)해야 할지 본능적으로 안다. 그들의 안테나는 다음 선거에 맞춰질 수밖에 없다. 필사적인 선거 인생인 셈이다. 그들이 노인의 입김에 주목하는 건 오랜 데이터를 분석한 결과다. 반대로 청년의 투표 행동은 그것이 실현될 경우 상상 이상으로 영향력이 클 수밖에 없다. 20~30대의 투표율이 어떤 결과를 가져왔는지 과거 몇 번의 선거에서 배우기도 했다. 청년 투표에 전전긍긍하는 정치무대가 실현되면 제도개혁의 뒷심은 세질 수밖에 없다.

이때 '이익의 분배'가 아닌 '불이익의 재분배'를 주장하는 정치인에 한정해 믿고 맡겨야 된다. 모두에게 파이를 나눠주는 성장시대는 지나가고 이젠 축소된 이익 혹은 보유한 권리를 내놓아야 하는 저성장의 판이 펼쳐질 환경이다. 한 줌도 안 되는 이익을 위해 거짓말하고 속이려는 연기파 정치인은 배제해야 한다. 추상적이고 관념적인 단어만 말하는 정치인도 배제해야 한다. 이런 작은 노력이 반복되면 이해 득실에 따라 시시때때로 합종연횡을 반복하는 영혼 없는 정치인은 사라질 수밖에 없다. 이 정도까지야 사실 시간이 많이 걸리겠지만 그 첫걸음이 선거 참여인 건 분명한 사실이다.

이때 조심해야 할 건 무모하게 전선을 확대하지 않는 것이다. 싸잡아 부모세대를 자극할 필요도 근거도 없다. 옳지도 않다. 다만 갈등을 부각시키려면 어쩔 수 없이 공격 대상을 정하는 것도 일정 부분 불가피하다. 이때는 고유명사보다 집단명사가 좋다. 노인집단이니 베이비부머니 하는 단어는 불필요하게 자극적일 수 있다. 그들 안에서도 격차가 심해 일반화하는 것도 불가능하다. 구체화시키는 게 필요하다. 기득권 세력 혹은 구태집단 등이 어떨까? 즉 이권과 기득권의 추가적인 선점 · 독점에 열을 올리는 세력은 명확하게 공격하되 해당 연령에 포함된다고 무조건 뭉뚱그려 비난하는 건 자칫 얻는 것보다 잃을 게 더 많다.

사교육은 국가 빈곤의 출발점이다

한편에서 정치 참여의 기대효과를 극대화하는 또 다른 별도장치가 필요하다. 적극적인 목소리로 소외집단이 처한 현실을 제대로 알리고 그 부작용을 호소함으로써 기성세대의 현실 인식을 높이는 건 당연히 옳다. 말하지 않으면 모른다는 점에서 구체성을 갖추면 더더욱 좋다.

즉 필요한 정책 세트를 명확하고 세세하게 정리해 제시하자는 얘기다. 정치 참여의 실효성을 높이는 장치로 정치권이 손쉽게 받아먹을 수 있도록 상을 차려줄 필요다. 선거공약에 청년정책이 별로 없다고 실망할 게 아니라 어떤 정책을 원하는지 평소에 잘 간추려두는 것이다. 물론 크게 새로운 아이디어는 없겠지만 적어도 고집스레 지지함으로써 명확한 신호는 보낼 수 있다.

가령 교육정책을 예로 보자. 교육 격차는 청년 빈곤의 절대적인 출발점이다. 어느새 돈이 입시와 취업에 직결되는 시대다. 이런 불합리한 고리를 끊지 않으면 세대 간은 물론 세대 내의 양극화는 결코 해소되지 않는다. 그런데도 교육정책을 개선할 생각이 별로 없다. 갈수록 자본논리와 기득권 세력에 휘둘리며 악순환을 반복한다. 게다가 교육정책은 늘 바뀐다. 불확실성을 스스로 만들어낸다. 대학 입시가 얼마나 복잡하고 단기 변동이 심한지는 굳이 두말할 필요조차 없다. 좀 과장하면 매년 달라진다. 복잡할수록 권력(이권)과 시장(유착)이 생긴다지만 한국은 분명 도를 넘어선 분위기다. 입시 담임조차 이해하기 힘든 입시제도가 현실이 됐다.

해법은 따로 없다. 누구나 다 아는 공교육의 강화가 가장 바람직하다. 입시제도는 단순한 게 좋다. 개혁이란 이름으로 복잡하게 고쳐지고 덧붙여질 때 갈등 조장·유발비용은 늘어나는 법이다. 풍선효과처럼 사교육이 어느새 유력 산업으로 커진 게 그 증거다. 한국의 사교육은 세계 1위다. 교육비 중 사교육 부담비율이 40퍼센트에 달한다(OECD, 2007년). 돈이 교육 기회와 결과를 좌우하는 유력 변수로 떠오른 것이다. 생애 전체에 걸쳐 연쇄적 빈곤 함정에 빠지도록 하는 청년 격차의 살벌한 주요 원인이다. 교육 격차를 시정하자면 공교육 부활이 급선무다.

학교 교육만으로 충분히 커버될 수 있도록 다양한 제도 설계에 나설 때다. 정부와 민간을 포함해 장학제도를 충실히 하고 반값등록금을 넘어 국공립의 경우 무료화도 검토해봄 직하다. 의무교육 수준에서의 급식비 등의 경비 인하·무료도 고려해야 한다. 바우처 등의 적극 도입으로 선택 기회를 균등하게 하는 것도 필요하다. 이를 통해 공교육 서비스의 품질을 향상시키면 굳이 사교육에 의존할 유인은 줄어든다. 이 단순한 정책 요구가 먹혀들지 않는 건 이미 이해관계가 복잡한 데다 특히 장기간 요구하고 관철해낼 주체가 없기 때문이다. 선거 때 반짝 떴다가 지나면 그뿐인 게 반복된다. 정작 학생 당사자는 희생양이 될 뿐이다.

세대를 등지는 복지에서 가족복지로

교육을 예로 들었지만 이 밖에도 명확하게 내용을 수립하고 추진
할 주체를 설정하는 일은 다른 청년정책에도 모두 적용된다. 앞당
겨 어린 시절로 되돌아가도 자녀양육의 사회화 등은 주도면밀하고
조목조목 요구해야 할 타이밍이다. 앞서 설명한 결혼·출산·양육
의 걸림돌인 일과 가정의 양립 문제도 그렇다. 맞벌이의 실효성을
높여 가족 구성을 원만히 실현하기 위해서도 일과 가정의 양립 조
화와 관련된 구체적인 정책을 요구할 필요가 있다.

결국 큰 방향은 가족(현역)복지로의 무게중심 이동 정책이다. 왜
청년정책이 필요한지 그 근거를 확실히 보여주는 게 관건이다. 뜬
구름 잡듯 이 친구들이 불쌍하고 안됐으니 자원을 좀 더 배분해주
라는 논리는 먹혀들 여지가 없다. 확실한 논리 개발을 통해 이를 정
책 이슈로 띄우고 개별 내용을 구체·세분화해 정당성을 확보하는
게 중요하다. 가령 인생 후반에 집중되는 사회보장의 제반 문제와
제도 변화의 근거를 제시하는 게 중요하다. 제도 자체가 설계될 당
시 일반적이었던 '노후=빈곤'의 등식이 수정될 필요성이 있다. 정
확하게는 '빈곤노인 대 부자노인'의 구분이다. 즉 제도가 전제한 상
황이 변했기에 내용도 바뀌는 게 바람직하다.

반면 최근의 사회적 리스크는 인생 전반의 청년세대에게도 광

범위하게 퍼졌다. 인생 전반전의 사회보장에 대한 요구가 증가한 것이다. 교육·양육·고용 등에서 약자 청년을 보호할 수 있는 제도 설계가 필요하다.

미래를 바꿀 히든카드, 때를 놓치면 게임은 끝난다

저성장·고령화는 세출 증가와 세입 감소를 뜻한다. 악어의 입처럼 세출 증가와 세입 감소가 계속해 벌어지며 확대되는 그래프가 불가피하다. 특히 사회보장 지출 확대 추세가 그렇다. 복지비용이 세출 증가의 주요 항목이 된다는 의미다. 적자를 메우자면 재정 지원이 유력한 방법이다.

염려스러운 건 자동적인 복지지출이다. 고령화 탓이다. 빈곤 함정에 빠진 후속 세대는 문제를 더 키운다. 즉 생산가능인구 1인당 세출(총세출÷생산가능인구)은 확대될 수밖에 없다. 그런데 벌어들이는 수준이 그만그만하니 1인당 세입(총세입÷생산가능인구)은 크게 늘지 않는다. 재정 붕괴다. 증세를 하고 싶겠지만 구조적인 저성장은 증세의 여지마저 줄여놓았다. 조세저항만 우려된다.

때문에 '노인복지 → 가족복지'로의 방향 전환이 시급하다. 거시적으로는 현역 복지의 수요 증가를 막도록 일자리를 비롯한 성장

환경을 만드는 것도 중요하지만 복지 공평 차원에서도 현역세대의 빈곤 함정을 배려하는 게 옳다. 적어도 현역세대가 장기적이며 안정적으로 돈을 벌 수 있게 해주고, 탈락 계층에겐 재도전의 기회 보장을 통해 평균적인 납세자로서 생활하도록 정책 중심을 옮길 필요가 있다. 그렇잖으면 재원은 줄어들고 혜택은 커져 결국 균형을 맞출 수 없다. 무엇보다 갈 길 바쁜 한국호의 지속 가능성이 훼손될 수밖에 없다.

강조컨대 미래를 바꿀 히든카드는 결코 멀리 있지 않다. 승부의 순간, 그 카드를 뒤집어 보였을 때 한국호의 승패가 소멸일지, 부활일지 자못 궁금하다.

이케아 세대
그들의 역습이 시작됐다

초판 1쇄 2013년 11월 25일

지은이 | 전영수

발행인 | 김우석
제작총괄 | 손장환
편집장 | 문준식
책임편집 | 이한나
교정 | 전경서
디자인 | 권오경 김효정
조판 | 김미연

마케팅 | 김동현 김용호 이진규 이효정
제작지원 | 김훈일 박자윤

펴낸 곳 | 중앙북스(주)
등록 | 2007년 2월 13일 제2-4561호
주소 | (121-904) 서울시 마포구 상암동 1651번지 상암DMCC빌딩 20층

구입문의 | (02) 1588-0950
내용문의 | (02) 2031-1356
홈페이지 | www.joongangbooks.co.kr
페이스북 | www.facebook.com/hellojbooks

ⓒ 전영수, 2013

ISBN 978-89-278-0505-2 13320

값 14,000원